존아저씨의
꿈의 목록

- 어린이 스스로 꿈을 기록하고 실천하게 하는 책

지은이 · 존 고다드(John Goddard)

세계에서 가장 유명한 탐험가 중 한명입니다. 카약 하나에 의지하여 세계에서 가장 긴 나일 강 탐험을 역사상 처음으로 해낸 인물이기도 하지요. 존 아저씨가 유명하게 된 진짜 이유는 어렸을 때부터 적어 오던 '꿈의 목록' 때문입니다. 비오는 어느 오후 아저씨는 식탁에 앉아 127개의 꿈의 목록을 써 내려갔고, 그중 111개의 꿈을 성취했으며, 그 후로도 500여 개의 꿈을 더 이루어 냈습니다. 존 아저씨의 꿈의 목록 이야기와 탐험 이야기는 《내셔널 지오그래픽》, 《라이프》, 《리더스 다이제스트》 등 여러 잡지의 수많은 기사에 나왔으며 『영혼을 위한 닭고기 수프』, 『마시멜로 이야기』 등에도 소개되었습니다.

존 아저씨의 꿈의 목록
– 어린이 스스로 꿈을 기록하고 실천하게 하는 책

초판 1쇄 인쇄 2008년 3월 1일
초판 28쇄 발행 2025년 3월 15일

지은이 존 고다드   옮긴이 임경현   그린이 이종옥   펴낸이 김종길   펴낸 곳 글담출판사

기획편집 이경숙 · 김보라   영업홍보 김보미 · 김지수
디자인 손소정   관리 이현정

출판등록 1998년 12월 30일 제2013-000314호
주소 (04029) 서울시 마포구 월드컵로 8길 41(서교동)
전화 (02) 998-7030   팩스 (02) 998-7924
페이스북 www.facebook.com/geuldam4u   인스타그램 geuldam
블로그 http://blog.naver.com/geuldam4u

ISBN 978-89-960739-0-1 (73840)
* 책값은 뒤표지에 있습니다.
* 잘못된 책은 구입하신 곳에서 바꾸어 드립니다.

The Survivor : 24 Spine-Chilling Adventures on the Edge of Death. Copyright © 2001 John Goddard published by arrangement with Health Communication, Inc. 3201 S.W. 15th Street, Deerfield Beach, FL 33442-8124, U.S.A. All Rights Reserved.
Korean Translation Copyright © 2007 by Geuldam Publishing Co. through Inter-Ko Book Library Service, Inc.

> 글담출판에서는 참신한 발상, 따뜻한 시선을 가진 원고를 기다리고 있습니다.
> 원고는 글담출판 블로그와 이메일을 이용해 보내주세요. 여러분의 소중한 경험과 지식을 나누세요.
> 블로그 http://blog.naver.com/geuldam4u   이메일 geuldam4u@naver.com

127개의 꿈의 목록을 작성하고 이를 실천한 존 고다드의 감동실화

존아저씨의
꿈의 목록

존 고다드 지음 / 임경현 옮김 / 이종옥 그림

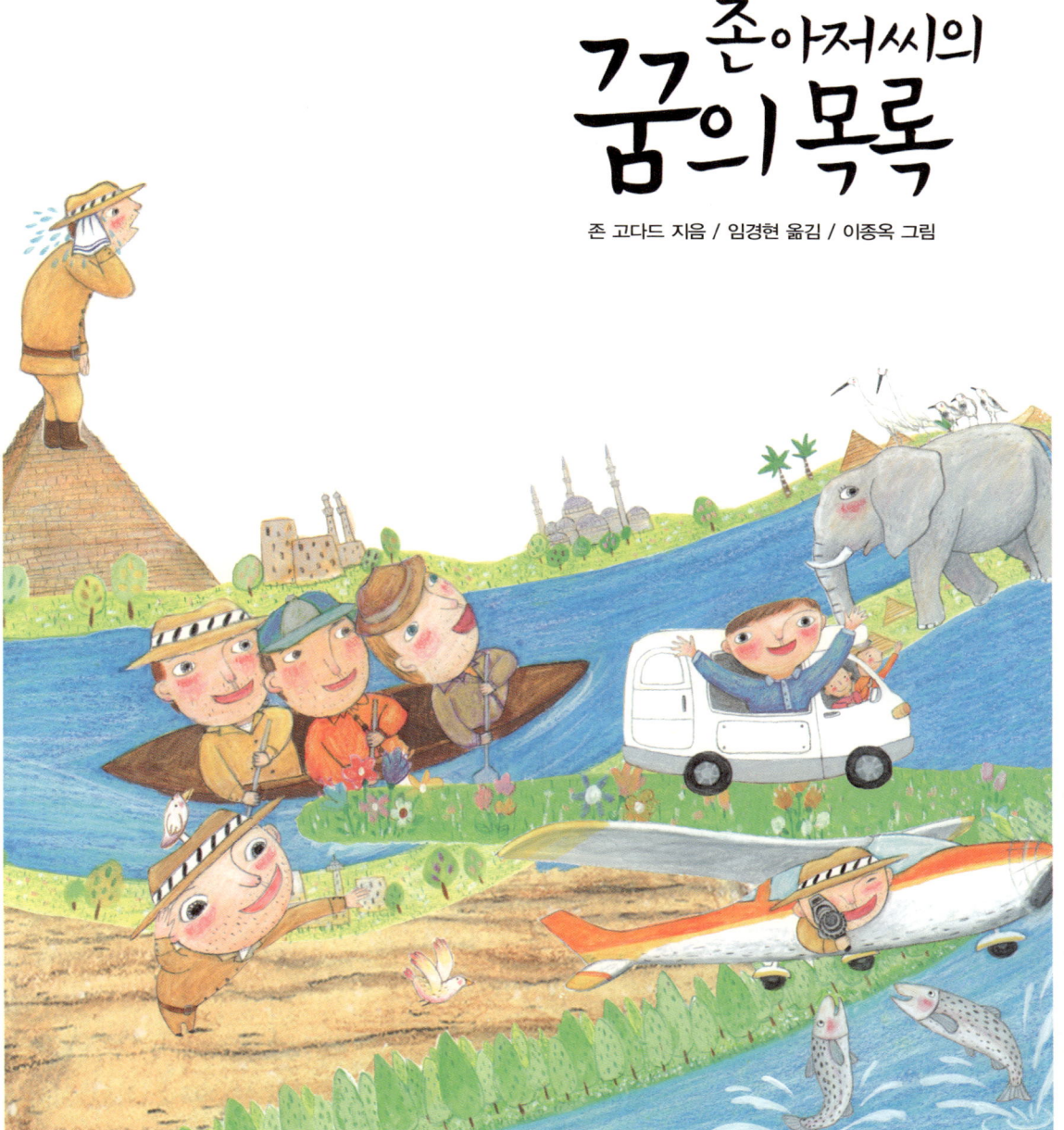

꿈 을 꾸 는 어 린 이 에 게

어린 시절에 꿈을 갖는 일은
정말로 중요해!
너만의 '꿈의 목록'을 적어 보렴

나는 지금 수첩 하나를 손에 들고 있단다. '꿈의 목록'을 빽빽이 적어 넣은 낡은 수첩이지. 난 언제나 이 수첩을 지니고 다녔단다. 세계를 돌아다니며 사람들의 발길이 닿지 않는 곳을 탐험하고, 여러 나라 사람들과 만나고, 다채로운 야생의 동식물을 접하면서 내 꿈은 늘어만 갔지. 그리고 꿈에 관련된 목표들이 생각날 때마다 수첩에 하나씩 적어 넣었어.

하나의 꿈을 이루면 그 과정에서 곧 다른 꿈이 연상되었단다. 예를 들어, 캘리포니아의 바닷가에서 보디 서핑을 해보는 것이 꿈이었다면, 곧 그 꿈을 이루고 다른 지역의 경치 좋은 바닷가에서도 서핑을 하고 싶어진단다. 아주 사소한 일일지라도 꿈을 이뤄 본 사람은 그 성취감이 얼마나 보람차고 기쁜 일인지 알기 때문에 또다시 도전하고 싶은 것이지.

특히 너처럼 어린 시절에 꿈을 갖는 일은 정말로 중요하단다. 작은 일부터 도전하고 부딪히며 성취해 나가는 과정 속에서 넌 점점 많은 꿈을 갖게 될 거야. 그리고 어느새 몸도 마음도 훌쩍 커 있겠지. 넌 어른 중에서도 좀 더 현명하고 지혜로운 어른이 되어 있을 거야.

어린 시절 꿈이 없던 어른들

은 세상을 살아가는 폭이 아주 좁단다. 자기가 태어난 곳에서 한 발짝도 나가 보지 못한 사람을 상상해 보렴. 그만큼 익숙한 곳에서 안정된 생활을 누릴 수도 있지만 세상이 어떻게 생겼는지, 다른 곳의 사람들은 무슨 생각을 하며 살고 있는지 그리고 자신이 그 세상을 위해 또는 나 자신을 위해 무엇을 할 수 있는지 생각해 보려 해도 생각이 나지 않을 거란다. 그렇기 때문에 어린 시절에 꿈을 넓혀 나가며 세상을 알아가야 하는 거야.

　꿈을 이루기 위해 준비하는 과정은 매우 힘들단다. 그래서 넌 쉽게 지칠지도 몰라. 하지만 실패와 좌절도 꿈을 이루는 과정이니 실망할 필요가 없어.

　나도 수많은 실패를 했단다, 얘야. 탐험을 하면서 거친 물살에 휘말려 죽을 뻔한 고비도 수십 번이나 있었고, 아프리카 부족들에게 쫓기기도 하였지. 그리고 플루트를 배우거나 바이올린을 배우는 일도 탐험만큼 어려운 일이었어. 하지만 내가 여기서 포기하면 앞으로도 어떤 일에 장애물이 나타났을 때 쉽게 포기해 버릴지도 모른다고 생각하니까 저절로 힘이 나더구나.

이처럼 꿈은 네가 키가 크고 힘이 세지는 만큼 네 의지를 강하게 할 거야. 그래도 너무 힘들고 지칠 땐 잠깐 쉬어도 좋단다. 이루려는 꿈을 향해 좀 천천히 다가갈진 모르겠지만 그 길에서 넌 기대하지 않은 많은 친구들을 만날 수도 있어. 이것만은 꼭 알아두렴. "쉬었다 가도 포기는 하지 말자."

이젠 다 늙은 노인이 되었지만 난 아직도 꿈을 위해 도전하고 있단다. 몇 해 전에는 전립선암을 극복해 내기도 했지. 물론 암이라고 진단을 받았을 땐 이제 내 삶도 끝이구나 싶어 매우 우울했단다. 하지만 난 절망이란 단어를 잘 모르는 사람이란다. 늘 긍정적이고 낙관적으로 생각하려고 노력했으니까. 난 곧 사랑하는 가족들을 떠올렸단다. 나의 아이들 그리고 내 손자들, 사랑하는 아내, 든든한 친구들……. 그들을 생각하니 절로 손에 힘이 쥐어졌단다. 난 즉시 '꿈의 목록'에 이렇게 적어 놓았어.

'암을 이겨 내고 건강해지기'

그리고 절대 포기하지 않겠다고 굳게 결심하였지. 병에 대한 공포를 이겨 내고, 정신적 의지로 고통을 참아 내며, 매일같이 암을 물리친 사람들이 쓴 책을 읽기 시작했어. 그리고 병이 다 나아 병원을 박차고 나가는 상상을 하기 시작했지. 물론 치료를 꾸준히 성실하게 받고, 운동도 하였단다.

하지만 내 병을 치료하는 데에는 무엇보다 나의 '꿈의 목록'이 중요한 역할을 했다고 확신한단다. 낡은 수첩에 '암을 이겨 내고 건강해지기'라는 목표를 적어 넣자마자 나는 기운을 차렸기 때문이야.

이렇듯 꿈을 가진 사람은 불치병도 이겨 낼 수 있단다. 하지만 꿈을 갖고 있기만 해서는 안 돼. 꿈은 머리로 생각하는 것이 아니란다, 애야. 가슴으로 느끼고 손으로 적어 발로 뛰는 게 꿈이지.

　아무쪼록 네가 이 책의 마지막 책장을 덮은 후 얼른 책상으로 달려가 작은 수첩에 너만의 '꿈의 목록'을 작성하길 바라마. 그렇게 된다면 나는 또 하나의 작은 꿈인 '어린이들이 꿈의 목록을 적게 하기'란 목표를 이룬 것이나 다름없단다.

　　　　　　　　　너의 소중한 꿈들이 꼭 이루어질 바라며
　　　　　　　　　　　　　　존 아저씨가

차 례

꿈을 꾸는 어린이에게
어린 시절에 꿈을 갖는 일은 정말로 중요해! · 4

첫 번째 이야기 꿈의 목록을 소개해 줄게 · 14

꿈에는 배움이 필요하단다 · 16
나의 꿈은 자연이 선물해 줬어
목장 생활은 꿈에 대한 상상력을 키워 줬지
인내심과 자신감이 꿈을 키운단다
127개의 꿈의 목록은 비 오는 오후에 탄생했어

나만의 꿈의 목록 · 30
나만의 꿈의 목록이야

꿈의 목록 이후 이룬 또 다른 꿈들 · 42
새롭게 이룬 꿈들

너는 어떤 꿈을 꾸고 있니? · 54
꿈을 닮아 간다는 게 어떤 뜻일까?
책 속에 꿈이 있단다

꿈을 이루려면 어떻게 해야 할까? · 64
끈기와 열정이 있어야 해
아프면 아무것도 소용없단다
사람을 통해 배워야 한단다
공부는 평생해야 한단다
교양은 마음을 살찌운단다
돈은 꼭 필요한 수단이란다

나만의 꿈의 목록 작성하기 · 74
배우고 싶은 것 / 여행하고 싶은 곳 / 탐험하고 싶은 곳 / 만나고 싶은 사람들 / 개인적으로 꼭 해야 할 일들 / 깜빡하고 잊을 정도로 아주 사소한 꿈들

두 번째 이야기 나만의 꿈의 항해를 소개할게 · 78

나는 호기심 많은 소년이었단다 · 80
타고난 자연주의자란 무슨 말일까?
토비와 나의 우정을 자랑하고 싶구나

바다는 꿈의 보물창고였어 · 92
바다 밑 세계를 직접 본 적이 있니?
전복이 내게 교훈을 주더구나

일생일대의 나일 강 대탐험 · 102
강을 따라 여행해 본 적 있니?
이 조가비 같은 배로 나일 강을 일주한다고?

나일 강에서 만난 친구들 · 114
바다 같은 호수가 있단다!
바소가 부족은 나일 강과 배를 사랑한단다
잘루오 부족의 낡은 배를 타고
하마가 귀엽다는 말은 모두 거짓말!
아프리카 코끼리를 코앞에서 직접 촬영했단다

사막이 아름다운 수단에서 · 136
사막의 밤하늘을 꼭 한번 보렴
상상하는 것만으로 두려움을 이길 수 있단다
사막은 때로 끔찍하기도 하단다
용기를 내려면 희망을 잃지 말길

신비로운 피라미드의 나라 이집트에서 · 160
피라미드 꼭대기에 올라가 보고 싶지 않니?
스핑크스의 수수께끼를 풀어 보렴

콜로라도 강 대탐험 · 166
내가 존경하는 탐험가를 소개할게
위대한 콜로라도 강이여!
그랜드 캐니언의 급류는 날 강하게 한단다
다시 대자연의 품으로
야생 동식물을 사랑해 줘야 해

이 책을 마치면서 꿈이란 무엇일까? · 188

기록은 꿈을 이루어주는 아주 좋은 습관이야

꿈을 기록하면 뚜렷한 목표가 된단다

목표가 뚜렷해지면 이를 이루기 위한 의지와 의욕이 샘솟지!

꿈을 적어 보렴. "니 꿈은 뭐니?"

첫번째 이야기

꿈의 목록을
소개해 줄게

- 꿈에는 배움이 필요하단다
- 나만의 꿈의 목록
- 꿈의 목록 이후 이룬 또 다른 꿈들
- 너는 어떤 꿈을 꾸고 있니?
- 꿈을 이루려면 어떻게 해야 할까?
- 나만의 꿈의 목록 작성하기

꿈에는
배움이 필요하단다

꿈을 꾸려면 많은 경험이 필요해. 경험을 통해 인내심과 자신감도 키워야 하고, 무엇보다 많은 책을 읽어야 한단다.

나의 꿈은 자연이 선물해 줬어

나의 꿈에 대해 얘기할 수 있게 되어서 무척 영광으로 생각한다. 무엇이 되겠다고 매일매일 꿈을 다짐하는 너희들에게 '꿈의 목록'에 관한 이야기가 도움이 된다면 지금 내가 이루려는 꿈 중 가장 보람찬 일이 될 거야.

어린 시절부터 나는 언제나 탐험가가 되기를 꿈꿨지. 우리 부모님 말씀에 따르면, 다섯 명의 외삼촌 가운데 세실 소렌슨이라는 삼촌이 나에게 처음으로 다음과 같이 물어봤다고 하더구나.

"너는 꿈이 뭐니?"

당시 다섯 살이었던 나는 약간의 망설임도 없이 이렇게 대답했단다.

"탐험가요!"

나무가 빽빽하게 들어찬 정글에서 갖가지 색으로 문신을 한 원주민과 셀 수도 없이 많은 야생동물과 사는 사람!

'탐험가'란 내게 그런 모습을 떠올리게 했지. 이상하게도 나는 그 이상 멋진 꿈을 상상할 수 없었단다. 아이들은 보통 나이가 들면서 장래 희망도 몇 차례 바뀌곤 하던데, 나는 다른 아이들과 달리 이 꿈을 포기한 적이 없었어.

나는 외동아들이었기 때문에 부모님의 사랑을 듬뿍 받으며 온실 속의 화초같이 살 수도 있었단다. 요즘 아이들이 그렇듯이 말이야. 하지만 다행히도 우리 부모님은 외아들이라고 해서 온실 속에 가둬 놓고 나를 키우진 않으셨어. 내게 새롭고 신기한 것들을 될 수 있는 한 많이 보여 주고 다양한 경험들을 해볼 수 있도록 애쓰신 분들이었지. 우리 부모님의 그러한 노력이 지금의 나를 있게 한 건 아닌지 모르겠구나.

부모님은 대자연과 야생동물에 대해 지나친 애착을 보이며, 탐험가가 되겠다는 나의 장

래 희망을 꾸짖지 않았단다. 그 대신 작은 헬멧과 휴대용 밥그릇을 사주셨고, 캘리포니아와

유타 주에 있는 자연보호구역 야영장에 자주 데리고 가주셨어.

숲 속에서 산책을 할 때 그리고 호수와 개울둑을 따라 걸으며 조용히 그곳의 새들과 동물들을 바라볼 때 나는 가장 행복했단다. 특히 학교에 가지 않는 여름방학이 가장 즐거웠지. 숨막히게 답답한 로스앤젤레스의 도시 생활에서 탈출하여 아이다호에 있는 로얄 삼촌네 목장에서 커다란 소와 양떼들과 지낼 수 있었기 때문이야.

내 나이 열 살 때부터 열여덟 살에 공군에 입대할 때까지 나는 해마다 여름이면 비록 허름하지만 배울 것이 많았던 목장의 목부(소·말·양 등을 돌보는 사람)로 지냈단다.

목장 생활은 꿈에 대한 상상력을 키워 줬지

로얄 아저씨네 목장은 야생동물의 천국이었고, 아이다호의 벌판 중 사람이 살지 않는 가장 넓은 벌판이었단다.

스네이크 강이 목장의 동쪽 부분을 가로질러 흐르고, 비버와 사향쥐, 물새들이 많았으며, 우아한 따오기들이 강둑을 따라 앉아 있었어. 그 아름다운 모습이 지금도 눈에 선하구나.

북쪽으로 가면 풀과 나무가 자라지 않는 황무지였는데, 이런 유형의 지역에서 나타나는 동식물군들이 많았단다. 그 밖의 지역은 넓게 트인 평원과 아직 사람이 간 적 없는 숲 그리고 알파파 덤불숲으로 이루어져 있었지. 나는 목장에서 그리 멀지 않은 곳에서, 인디언들이 사용하던 아름답게 다듬어진 흑요석 화살촉을 발견하기도 했단다.

평일에는 사촌 휴 그리고 다른 목부들과 함께 꼭두새벽부터 일어나 땅거미가 질 때까지 일을 했어. 암소의 젖을

짜고, 길에서 벗어난 소들을 몰아오고, 울타리를 손보거나 새로 세우기도 했지.

그리고 향기로운 알파파 목초를 긁어모아 건초 더미를 만들고, 물길을 냈으며, 커다란 양치기 개 네 마리에게 먹이를 주었어.

루스 작은어머니의 드넓은 채소밭에서 잡초를 뽑는 일을 하고 나면 허리가 뻐근하게 아팠단다. 도시 아이들이라면 그런 일을 왜 하냐며 투덜거리면서 컴퓨터 게임이나 하고 있을지 모르지만 이 일들을 스스로 해보지 않고서는 그 즐거움을 상상하지 못할 거란다.

이렇게 목장에서 자연을 일구는 일을 하면서 나는 안정되고 여유로운 마음가짐을 가질 수 있었어. 또 내 '꿈의 목록'을 알차게 만들어 준 상상력도 키울 수 있었지.

목장에 있으면서 나는 로얄 삼촌에게 많은 것을 배웠단다. 로얄 삼촌은 겉으로 보기에 쉰 목소리에 화를 잘 내는 분으로 보였지. 하지만 가축들과 함께 일할 때나 밭에서 일할 때 삼촌은 누구보다도 부드러운 분이셨다. 그리고 나처럼 새와 동물에 놀랄 정도로 깊은 관심을 가지고 계셨어. 삼촌은 내 어린 시절에 아주 큰 영향을 주신 분이지. 나는 삼촌을 정말 존경했단다.

주말엔 대부분 나 혼자 놀 수 있는 자유 시간을 가졌어. 천천히 걸으며 소풍을 떠나거나 삼촌이 내게 주신 '메이저'란 이름의 멋진 말을 타곤 했지.

탁 트인 목장의 구석구석을 메이저와 누비다 보면 가는 곳마다 족제비, 오소리, 고슴도치, 사슴, 코요테 등의 야생 동물과 마주치곤 했어. 새도 아주 많아서 검독수리, 뇌조, 꿩, 자고새, 캐나다 거위, 여러 물새들이 반겨 주었지.

그렇게 돌아다니다 보면 시간 가는 줄도 몰랐단다. 날이 어두워져서야 목장으로 돌아오곤 했으니까 내가 얼마나 야생동물과 만나는 것을 좋아했는지 알 수 있겠지?

인내심과 자신감이 꿈을 키운단다

　나는 로얄 삼촌네 목장에서 일하는 것 말고도 매년 여름 아이다호 남부 지역에 있는 세실 삼촌과 피에르 삼촌의 밀 농장에서도 보름씩 일을 했단다. 이곳에서 나의 어린 시절 중 가장 자랑스러웠던 순간이 두 번 있었어. 열 살 때 피에르 삼촌에게서 트랙터 운전하는 법을 배운 것과 그 다음해 여름에 세실 삼촌에게서 농장의 트럭을 운전하는 법을 배운 일이지.

　때론 삼촌들이 내가 감당하지 못할 심부름을 시킬 때마다 힘들어서 짜증도 많이 났지만 나는 '도시 아이'도 목부 일을 도울 수 있음을 증명해 보이고 싶었단다. 그래서 인내심을 가지고 삼촌들이 시키는 대로 심부름도 묵묵히 해냈고, 이것저것 많이 배우려고 애썼지. 결국엔 나도 삼촌들과 목부들처럼 누구의 도움도 안 받고 맡겨진 일을 차근차근 다 해낼 만한 자신감을 가지게 되었단다.

목장과 농장에서 일을 그렇게 많이 했는데 지치지도 않았냐고? 왜 아니겠니, 애야. 물론 밤에는 팔다리가 아플 정도로 힘들고 고단했지. 그렇지만 여름이 끝나는 것이 일로 힘든 것보다 언제나 더 아쉽기만 했단다.

여름이 끝나 어쩔 수 없이 집에 돌아와 보면 내 몸은 더욱 튼튼해졌고, 자신감도 강해졌으며 독립심도 강해져 있었지. 이건 모두 어린 나이임에도 중요한 책임을 맡기곤 했던 삼촌들 덕분이란다.

힘든 목장 일이었지만 인내할 줄 알고 일을 신속하게 처리하고 완벽하게 마무리 짓는 법을 배우게 됐거든. 그럴 때마다 느끼는 만족감은 가슴을 뿌듯하게 만들었단다.

그러니 몸도 튼튼해지고 인내심이나 자신감 그리고 독립심도 저절로 생기게 된 것이지. 이렇게 마음까지 튼튼해지니 세상에 나아가 하고 싶은 일이 얼마나 많았겠니? 이런 경험들이 내가 '꿈의 목록'을 쓸 수 있도록 해주고, 그 꿈을 위해 끈기를 가지고 노력하게 만들었던 요인들이란다.

특히 '꿈의 목록'의 첫 번째 목표를 이루어 낼 때 아주 큰 도움이 되었어. 세계에서 가장 긴 6,690km의 나일 강 탐험이 바로 그것이지.

127개의 꿈의 목록은 비 오는 오후에 탄생했어

미래의 모험가들이여! 꿈을 가지려면 책도 많이 읽어야 한단다. 아저씨도 네 나이 때부터 본격적으로 책에 재미를 붙이게 됐는데, 그 이후로 책은 평생 동안 내 옆에 있었단다.

'꿈의 목록'을 적고 그것을 이루려면 아주 많은 사실들을 알고 있어야 해. 세상에는 내가 가보지 못하고 해보지 못하고 먹어 보지 못하고 배워 보지 못한 아주 많은 일들이 있어. 그런데 그 많은 일들이 이 세상에 존재하고 있다는 것조차 모른다면 어떻게 될까? 그 무엇에 대해 전혀 아는 바가 없는데 어떻게 그 꿈을 목록에 적어 넣을 수 있을까? 아마, 꿈을 꾸는 일조차 불가능할 거란다, 애야.

그래서 나는 매주 월요일마다 수업이 끝나면 도서관에서 서너 권의 책을 빌려 왔단다. 그 책들을 일주일 만에 다 읽고 또 다른 책을 읽을 준비를 했지.

나는 몇 가지 주제에 특별히 더 관심이 있었어. 특히 세계 지리와 지구 곳곳에 숨어 있어 사람들에게 잘 알려지지 않은 땅 그리고 그곳 사람들의 이야기는 언제나 나를 매혹시키기에 충분했단다. 나이를 한 살 한 살 더 먹고 읽은 책이 많아지면서 나는 사람들의 발길이 닿지 않은 곳 중에서도 나일 강에 대한 책을 반복해서 찾아 읽었지.

나일 강은 세상에서 가장 긴 강이며, 지난 6,000년 동안 농업, 문학, 법, 예술, 건축 그리고 천문학과 종교 등의 발전에 가장 큰 영향을 준 강이야. 내가 흠뻑 빠져들기에 충분했어.

열다섯 살이 되자 나는 나일 강 탐험이야말로 탐험가로

서 가장 흥미진진하고 야심 찬 도전이 될 거라는 사실을 확신하게 되었단다. 그리고 결심하였지. 나일 강 탐험 이외에도 내가 무엇을 하고 싶은지 곰곰이 생각해 봐야겠다고 말이야.

어느 비 오는 날 오후였어. 나는 부엌의 식탁에 앉아 노란색 노트를 펼치고 이렇게 써 넣었지.

나만의 꿈의 목록

이 제목 밑에 나는 127개의 목표를 적어 내려갔단다. 어떻게 그렇게 단숨에 내 꿈들을 적어 내려갔는지 지금도 신기할 따름이란다. 아마도 그동안 내가 경험했던 많은 일들 그리고 내가 읽었던 많은 책들이 한꺼번에 머릿속에 떠올랐는지도 모르지.

그때 이후로 나는 '꿈의 목록' 127개 가운데 111개를 이루었단다. 목표는 500개 이상으로 늘어났고, 지금도 새로운 목표가 생기면 어김없이 '꿈의 목록'에 적어 놓고 있지.

목록에는 세계의 주요 산에 오르기, 거대한 강 탐험하기 같은 실천하려면 준비가 많이 필요한 꿈부터 1.6km를 5분 내에 달리기, 셰익스피어 전집 읽기 같은 맘만 먹으면 당장이라도 해낼 수 있는 꿈까지 있어. 그리고 남캘리포니아 대학교 졸업하기 등과 같은 내 앞날을 위한 꿈들도 그 목록에 포함되어 있었단다.

'꿈의 목록'을 적기 시작한 그때부터 내 인생은 설렘과 도전, 즐거움으로 가득 차게 되었단다.

나만의 꿈의 목록이야

그날 내가 적었던 꿈의 목록들이야. 이 중 빨간색으로 쓰여진 것은 이미 이룬 꿈이란다. 정말 많은 꿈들을 이루었지? 나머지 꿈들도 곧 이루게 될 거야.

내가 어떤 꿈들을 꾸고 어떤 꿈들을 이루었는지 너희들이 궁금해할 것 같아 소개할 테니 잘 한번 들어 보렴.

탐험하고 싶은 장소

1. 이집트의 나일 강 (세계에서 제일 긴 강)
2. 남미의 아마존 강 (세계에서 두 번째로 긴 강)
3. 아프리카 중부의 콩고 강
4. 미국 서부의 콜로라도 강
5. 중국의 양쯔 강
6. 서아프리카의 니제르 강
7. 베네수엘라의 오니노코 강
8. 니카라과의 리오코코 강

9. 중앙아프리카의 콩고

10. 뉴기니 섬

11. 브라질

12. 인도네시아의 보르네오 섬

13. 북아프리카의 수단

답사해 보고 싶은 원시문화

14. 오스트레일리아

15. 아프리카의 케냐

16. 필리핀

17. 탕가니카 (현재의 탄자니아)

18. 에티오피아

19. 서아프리카의 나이지리아

20. 알래스카

등반하고 싶은 산

21. 에베레스트 산 (세계 최고봉 8,848m)

22. 아르헨티나의 아콩카과 산(남미 최고봉 6,959m)

23. 매킨리 산(북미 최고봉 6,194m)

24. 페루의 우아스카란 산

25. 킬리만자로 산(아프리카 최고봉 5,895m)

26. 터키의 아라라트 산(노아의 방주가 닿은 곳이라고 알려진 산)

27. 케냐 산

28. 뉴질랜드의 쿡 산

29. 멕시코의 포포카테페틀 산

30. 마터호른 산(유럽에서 가장 험한 산)

31. 라이너 산

32. 일본의 후지 산

33. 베수비오 산(이탈리아 나폴리 만 동쪽의 활화산)

34. 자바 섬의 브로모 산

35. 그랜드티턴 국립공원

36. 캘리포니아의 볼디 산

갑자기 떠오른 생각

37. 의료 활동과 탐험 분야에서 많은 경력 쌓기(현재까지 원시

부족들 사이에 전해져 오는 다양한 치료 요법과 약품을 배웠음)

38. 전 세계 모든 나라 여행하기(이미 122개국에 가봤음)

39. 나바호족과 호피족 인디언 문화에 대해 배울 것

40. 비행기 조종술 배우기

41. 로즈 퍼레이드에서 말타기(캘리포니아에서 해마다 5월에 열리는 장미 축제 행렬)

촬영해서 사진으로 남기고 싶은 곳

42. 브라질과 아르헨티나 국경에 있는 이과수 폭포

43. 짐바브웨의 빅토리아 폭포

44. 뉴질랜드의 서덜랜드 폭포

45. 요세미티 폭포

46. 나이아가라 폭포

47. 마르코 폴로와 알렉산더 대왕의 원정길

수중 탐험하고 싶은 곳

48. 미국 플로리다의 산호 암초 지대

49. 홍해

50. 오스트레일리아의 그레이트 배리어 리프 (이곳에서 135kg의 대합조개 촬영에 성공했음)

51. 피지 군도

52. 바하마 군도

53. 오케페노키 늪지대와 에버글레이즈 탐험

여행하고 싶은 곳

54. 북극과 남극

55. 중국의 만리장성

56. 파나마 운하와 수에즈 운하

57. 이스터 섬 (거석문화가 있는 곳)

58. 갈라파고스 군도

59. 바티칸 시 (교황을 만났음)

60. 타지마할 묘

61. 에펠 탑

62. 블루 그로토 (이탈리아 카프리 섬에 있는 동굴)

63. 런던 탑

64. 피사의 사탑

65. 멕시코 치첸이차의 성스런 우물

66. 오스트레일리아의 아이어 암벽 등반

67. 요르단 강을 따라 갈릴리 해에서 사해까지 가기

수영하고 싶은 곳

68. 빅토리아 호수

69. 슈피리어 호수

70. 탕가니카 호수

71. 페루의 티티카카 호수

72. 니카라과 호수

그 밖에 해내고 싶은 일

73. 독수리 스카우트 단원 되기

74. 잠수함에서 다이빙하기

75. 항공모함에서 비행기를 조종하여 이착륙하기 (인디펜던스 호에 8일 동안 승선함)

76. 소형 비행선, 열기구, 글라이더 타기

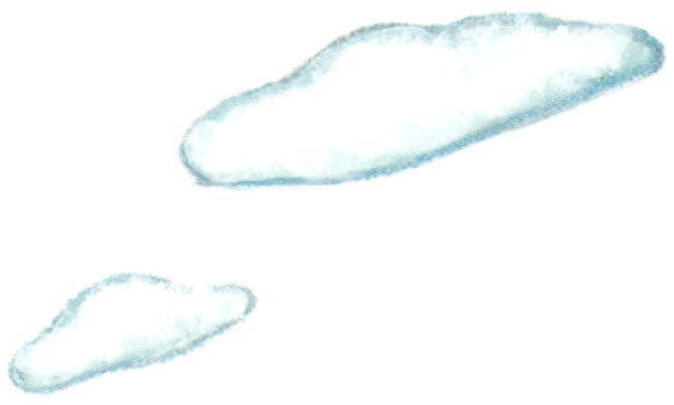

77. 코끼리, 낙타, 타조, 야생말 타기
78. 스킨다이빙으로 12m 해저로 내려가서 2분 30초 동안 숨 참고 있기
79. 5kg짜리 바닷가재와 30cm짜리 전복 잡기
80. 플루트와 바이올린 배우기
81. 1분에 50자 타자치기
82. 낙하산 타고 뛰어내리기 _(17번 했음)
83. 눈 위와 물 위에서 스키 배우기
84. 복음 전도 사업 참여하기
85. 탐험가 존 뮤어의 탐험길 체험하기

86. 원시 부족의 의약품을 공부하고 유용한 것들 활용하기

87. 코끼리, 사자, 코뿔소, 케이프 버팔로, 고래 촬영하기

88. 펜싱 배우기

89. 주짓수 배우기 (일본의 전국시대 무술로 브라질에서 더욱 발전함)

90. 대학교에서 강의하기

91. 발리 섬의 장례 의식 참관하기

92. 해저 세계 탐험하기

93. 타잔 영화에 출연하기 (이것은 이제 시대에 뒤떨어진 소년 시절의 꿈이 됨)

94. 말, 침팬지, 치타, 오실롯, 코요테 키워 보기 (아직 침팬지와 치타가 남았음)

95. 아마추어 햄 무선국의 회원 되기

96. 나만의 천체망원경 세우기

97. 나일 강 탐험에 대한 책 쓰기

98. ≪내셔널 지오그래픽≫에 기사 쓰기

99. 높이뛰기 1m 50cm 성공하기

100. 멀리뛰기 4m 50cm 성공하기

101. 1.6km(1mile)를 5분 내에 달리기

102. 어른이 되면 몸무게 80kg 유지하기 (현재까지 잘 유지하고 있음)

103. 윗몸일으키기 200회, 턱걸이 20회 유지하기

104. 프랑스어, 스페인어, 아랍어 배우기

105. 코모도 섬에 가서 코모도왕도마뱀의 생태 연구하기

106. 덴마크에 있는 소렌슨 외할아버지의 고향 방문하기

107. 영국에 있는 고다드 할아버지의 고향 방문하기

108. 선원 자격으로 화물선에 타보기

109. 브리태니커 백과사전 전권 읽기(거의 다 읽어 감)

110. 성경을 앞장에서 뒷장까지 다 읽기

111. 셰익스피어, 플라톤, 아리스토텔레스, 찰스 디킨스, 헨리 데이비드 소로우, 에드거 앨런 포, 루소, 베이컨, 헤밍웨이, 마크 트웨인, 버로스, 조지프 콘래드, 탈메이지, 톨스토이, 롱펠로, 존 키츠, 휘티어, 에머슨 등의 작품 읽기

112. 바흐, 베토벤, 드뷔시, 이베르, 멘델스존, 랄로, 림스키코르사코프, 레스피기, 리스트, 라흐마니노프, 스트라빈스키, 토흐, 차이코프스키, 베르디의 음악 작품들과 친해지기

113. 비행기, 오토바이, 트랙터, 윈드서핑, 권총, 엽총, 카누, 현미경, 축구, 농구, 활쏘기, 부메랑 등을 능숙하게 다루기

114. 작곡하기

115. 피아노로 베토벤의 〈월광〉 연주하기

116. 불 위를 걷는 의식 구경하기(발리 섬과 남미의 수리남에서 보았음)

117. 독사에게서 독 빼내기(사진을 찍다가 등에 마름모무늬가 있는 뱀에게 물렸음)

118. 22구경 권총으로 성냥불 켜기

119. 영화 스튜디오 구경하기

120. 쿠푸(고대 이집트 제4왕조의 2대 파라오)의 피라미드 오르기

121. 탐험가 클럽과 모험가 클럽의 회원으로 가입하기

122. 폴로 경기하는 법 배우기

123. 걷거나 배를 타고 그랜드 캐니언 여행하기

124. 세계일주하기(네 차례의 일주를 마쳤음)

125. 달 여행하기(신의 뜻이라면 언젠가는!)

126. 결혼해서 아이들 낳기(두 아들과 네 딸이 있음)

127. 21세기에 살아 보기

꿈의 목록 이후 이룬 또 다른 꿈들

네가 정말 하고 싶은 게 있다면 그것이 꿈이란다.
많은 경험을 할수록 꿈도 늘어나겠지?
어른이 되어서도 늘 꿈을 꾸고 그것을 이루기 위해 노력하는 사람이 되렴.

새롭게 이룬 꿈들

127개의 꿈의 목록 중 111개를 이룬 이후 난 새로운 꿈들을 꾸게 되었어. 계속해서 꿈을 꾸는 것이 중요한 이유는 작은 꿈을 이루면 더 큰 꿈을 꿀 수 있기 때문이야. 작은 꿈들이 모여 곧 큰 꿈을 꾸는 밑바탕이 되거든. 다음에 쓰인 것들은 내가 새롭게 꿈꾸고 또 이룬 것들이란다. 너희들도 나만의 꿈의 목록을 만들어 차근차근 이루어 나가는 연습들을 해보렴. 꿈을 이루는 것만큼 소중한 것도 없단다.

등반한 산
아궁 산(인도네시아 발리 섬)
후드 산(미국 오리건 주)
데블 산(베네수엘라)
올림푸스 산(미국 유타 주)
파리쿠틴 산(멕시코)
팀파노고스 산(미국 유타 주)
아소 산(일본)

수중 탐험한 곳

갈라파고스 군도(에콰도르)

코주멜 섬(멕시코)

마주로(태평양 중서부에 있는 섬나라인 마셜 제도의 수도)

크리스털 스프링스(미국 플로리다 주)

리몬 항(코스타리카)

샤크스 코브(하와이)

술루 해(필리핀)

트룩 라군(미크로네시아)

촬영에 성공한 해양생물

돌고래, 물개, 펭귄, 톱상어, 상어, 해마, 바다거북, 해파리

촬영에 성공한 야생동물

베네수엘라의 흑표범

동아프리카와 콩고의 악어

중국의 자이언트 팬더(베이징 동물원)

알래스카와 와이오밍의 회색곰

동아프리카 수단의 하마

케냐 탄자니아의 표범

타이의 호랑이

스리랑카와 오스트레일리아의 큰박쥐

여행한 곳

블루 모스크 (터키 이스탄불에 있는 이슬람 사원)

가마쿠라 대불상 (일본)

황금 불상이 있는 절 (타이 방콕)

슈웨 다곤 탑 (미얀마)

국회의사당 (영국 런던)

버킹검 궁 (영국 런던)

파간에 있는 불교 유적 (미얀마)

미코노스 섬 (그리스)

산 카를로 오페라 극장 (이탈리아 나폴리)

도기 궁 (이탈리아)

암리차르 황금사원 (인도)

오스트레일리아 원주민이 모여 사는 곳

아타튀르크의 마우솔레움 (터키의 고대 분묘건축물)

트로이 유적 (터키)

투탕카멘의 무덤 (이집트)

발벡 사원 (레바논)

마추픽추 (페루에 있는 고대 도시)

보로부두 (인도네시아에 있는 세계 최대 불교 사원)

관람해 본 사원, 박물관, 고대유적

코론 성당 (독일)

노트르담 성당 (프랑스)

성 패트릭 성당(뉴욕)

웨스트민스터 대사원(런던)

람세스 2세 대사원(이집트)

랄리벨라 암굴교회(에티오피아)

타나 호수에 있는 수도원들(에티오피아)

시바 여왕이 통치하던 고대 도시 악슘(에티오피아)

사크레 쾨르 대성당(프랑스)

파르테논 신전(그리스)

안네 프랑크의 집(네덜란드)

타롱가 동물원(오스트레일리아)

헤르미티지 박물관(러시아)

사도 요한 기념 성당(터키 에페소스)

폼페이, 헤르쿨라네움(이탈리아에 있던 고대 도시로 베수비오 화산의 폭발로 묻혀 버림)

멤논 거상(이집트)

시드니 항의 오페라 하우스(오스트레일리아)

로마의 카타콤(이탈리아에 있는 유적으로 초기 기독교도들의 비밀 지하 묘지)

두브로브니크(크로아티아의 도시로 구시가지가 유네스코 세계문화유산에 지정됨)

교토(일본)

로토루아 온천 지대(뉴질랜드)

판테온(로마 시대의 대표적 건축물)

알링턴 국립묘지(미국 버지니아 주)

조정해 본 비행기

굿이어 소형 연식 비행선

F-104 스타파이터

F-15 이글

F-16 파이팅 팔콘

F-111 애드바크

F-1B 페너트레이터

일주해 본 곳

코린트 운하(그리스)

파나마 운하(파나마)

수에즈 운하(이집트)

그랜드 캐니언(래프팅으로 여섯 차례 했음)

부부동반으로 여행한 곳

영국에서 스칸디나비아를 거쳐 러시아까지

캐나다에서 알래스카까지

캘리포니아에서 멕시코, 파나마 운하, 동부 카리브 해까지

이탈리아에서 흑해까지

서부 캐리비안에서 플로리다까지

짧게 여행한 곳

동아프리카 지역의 사파리(여섯 차례 했음)

암스테르담 운하

코끼리를 타고 하는 사파리 크로스컨트리(타이)

아마존 열대우림 지역 일주

곤돌라를 타고 그랜드 운하 일주

수영해 본 곳

크레이터 호(미국 오리건 주)

애로헤드 호(미국 캘리포니아 주)

그레이트솔트 호(미국 유타 주)

오자크스 호(미국 미주리 주)

미드 호(미국 네바다 주)

옐로스톤 호(미국 와이오밍 주)

루스벨트 호(미국 미네소타 주)

미시간 호(미국 일리노이 주)

제네바 호(스위스)

쿄가 호(우간다)

앨버트 호(우간다)

키부 호(콩고)

나세르 호(이집트)

토바 호(인도네시아 수마트라)

아티틀란 호(과테말라)

급류를 타본 곳

일본의 호주 강

캘리포니아 주의 클라매스 강

애리조나 주의 콜로라도 강

아이다호의 새먼 강

여행해 본 강

세픽 강(파푸아뉴기니)

싱구 강(브라질)

라인 강(독일)

나포 강(에콰도르)

둘세 강(과테말라)

센 강(프랑스)

낭가 강과 갯 강(말레이시아 사라왁 주)

어캐넌 강(베네수엘라)

코코 강(니카라과)

니그로 강(브라질)

카게라 강(부룬디)

새먼 강(미국 아이다호 주)

이라와디 강(미얀마)

메콩 강(베트남)

메남 강(라오스)

스와니 강(미국 조지아 주)

여행해 본 미국의 국립공원

브라이스 캐니언 국립공원(유타 주)

칼즈배드 동굴 국립공원(뉴멕시코 주)

채널 제도 국립공원(캘리포니아 주)

크레이터 호 국립공원(오리건 주)

데날리 국립공원(알래스카 주)

글레이셔 베이 국립공원(알래스카 주)

그랜드티턴 국립공원(와이오밍 주)

메사 베르데 국립공원(콜로라도 주)

목화석 국립공원(애리조나 주)

버진 아일랜드 국립공원(미국 버진 아일랜드 지역)

옐로스톤 국립공원(와이오밍, 몬태나, 아이다호 주)
요세미티 국립공원(캘리포니아 주)
자이언 국립공원(유타 주)

그 밖에 이룬 꿈의 목록

위험하지 않은 투우 경험하기(콜롬비아)

범고래 등에 타보기

뱀 잡아 보기

수중익선 타보기(선체 밑에 날개가 있어서 그 부력으로 더 빠른 속도를 낼 수 있는 배를 말함, 마카오에서 타봄)

패러세일링(자동차나 모터보트에 연결된 낙하산을 타고 하는 공중비행)

제트스키 타보기

윈드서핑 배우기

TV 다큐멘터리 제작하기(24개 했음)

개썰매로 여행하기

크로스컨트리 스키 배우기

강연하기(스탠포드 대학교, 내셔널 지오그래픽 소사이어티, 브리태니커 백과사전 본사, 오하이오 주립대학교 등에서 강연함)

너는
어떤 꿈을 꾸고 있니?

지금 당장은 이루기 어렵더라도 절대 절망하지 마렴.
꿈은 포기하는 것이 아니란다.
꿈은 오랜 시간이 걸려도 가슴 속에 고이 간직하는 거야.

꿈을 닮아 간다는 게 어떤 뜻일까?

소설가 앙드레 말로는 꿈에 관해 다음과 같이 말했단다.
"오랫동안 꿈을 간직한 사람은 마침내 그 꿈을 닮아 간다."
어떤 사람은 어른이 되어서도 자신의 꿈이 뭔지 헛갈려 한단다. 어렸을 땐 다양한 꿈을 꾸고, 그 꿈을 이룬 자신에 대해 상상해 보는 것이 그 무엇보다 가슴 두근거리는 일이겠지. 하지만 다 큰 어른이 되어서도 이룬 꿈은 하나 없이 날마다 하고 싶은 게 바뀐다면 그 사람은 아마도 꿈을 이루려는 진지함과 노력이 부족한 사람일 거야. 또는 꿈을 너무 거창하게만 생각하는 사람일지도 몰라.

"꿈을 간직한다."란 말은 무슨 뜻이겠니? 바로 그 꿈을 위해 언제나 노력하고 있고 준비하고 있다는 말이란다. 그렇게 한 발 한 발 내딛으면 언젠가 그 꿈을 이룰 날이 온다는 것이지. 앙드레 말로는 그런 의미를 "마침내 꿈을 닮아 간다."라고 말한 게 아닌가 싶다.

나는 늘 '탐험가'가 되고 싶었단다. 내 마음과 머릿속에서 '탐험'과 '꿈'이란 단어는 늘 함께 있었고, 난 그 꿈을 이루기 위해 카약과 비행기 조종을 배웠어. 그리고 사진 찍는 법, 다큐멘터리 촬영하는 법, 수영하는 법, 잠수하는 법을 배웠단다. 그리고 원주민 부족에 대해 알아보기 위해 도서관을 들락날락했지.

그렇게 한 발 한 발 꿈을 향해 도전하는 과정이 행복한 것만은 아니었단다. 여러 가지 새로운 것에 호기심을 가지고 배우는 과정에서 다치기도 많이 했고, 죽을 뻔한 적도 많았으니까 말이다. 하지만 그런 과정을 통해 나는 더욱 내 꿈의 곁으로 빨리 달려갈 수 있었으니 값진 경험들이 아닐 수 없단다.

지금 이 책을 읽고 있는 너는 어떤 꿈을 꾸고 있니? 그리고 그 꿈을 위해 어떤 노력을 하고 있니? 그 과정이 너무 힘들고 지칠 것 같니? 그래서 혹시 그 꿈을 포기하고 다른 꿈으로 옮겨 다니는 것은 아니니? 시행착오는 꼭 시간을 허비하는 것만은 아니란다. 하나의 꿈을 향해 노력하고 땀을 흘리는 시간은 꼭 필요한 것이지. 그러니 힘들고 지친다고 네 꿈을 포기하지 말렴. 언젠가는 너도 네 꿈을 꼭 닮아 갈 테니까.

이 책에 나온 '꿈의 목록'이 너에게 꿈에 대한 상상력을 불러일으켜 준다면 더 바랄 게 없구나. 하지만 이것만은 꼭 알아 두렴. 이 목록은 나만의 목록이니 넌 너만의 목록을 만들어야 한단다. 나의 이야기가 너의 마음에 아주 작게나마 꿈에 대한 의욕을 불어넣어 준다면 나는 무척 행복할 거야. 그리고 마음속에 세운 목표는 무엇이든지 이룰 수 있다는 하나의 예로 내 이야기를 전해 주고 싶구나.

너만의 '꿈의 목록' 하나하나를 마음속에 또렷하게 떠올리고, 꼭 이루고 말겠다는 강한 결심을 계속 유지해 나가는 것이 무엇보다 중요하단다.

나의 행복한 인생은 단순한 '꿈의 목록' 한 개로 시작되었지. 너도 이 책을 읽고 나서 꼭 너만의 목록을 작성하고, 네 꿈의 시작을 꼭 네 자신에게 알리기 바란다.

책 속에 꿈이 있단다

세계를 돌아다니며 야생동물을 촬영하고 탐험하는 일에는 많은 배경지식도 필요했단다. 책을 읽는 일은 그런 배경지식을 쌓는 일에 가장 알맞은 방법이었기 때문에 난 여행을 갈 때도 늘 책을 챙겨 가곤 했어. 지금이야 인터넷 속에 수많은 정보와 지식이 넘치는 때이지만 책만큼 내용이 깊이 있고, 가지고 다니기 편한 것은 없단다.

이렇게 책을 읽는 습관을 들인 것은 부모님과 윌셔 초등학교 5학년 때 선생님인 키난 선생님의 격려 덕분이었지.

부모님은 어린 나를 데리고 자주 야영을 가시곤 했어. 그때 여행하면서 마주쳤던 새들과 파충류, 각종 동물들을 나는 언제나 호기심 어린 눈으로 쳐다보고, 부모님께 그 동물에 대해 꼬치꼬치 물어보았단다.

내 질문에 지친 부모님은 마침내 그 동물들의 사진과 설명이 담긴 책들을 사주기 시작하셨지. 나는 그 책들을 통해 '꼬마 야생동물 박사'가 될 수 있었어.

키난 선생님은 언제나 나의 호기심에 대해 자세히

답변해 주고 용기를 북돋아 주셨어. 칭찬을 듬뿍 받은 나는 새로운 호기심과 의욕에 차서 학교 도서관에 다니기 시작했지.

마침내 나는 책이 산더미처럼 쌓여 있는 지역 도서관에도 다녔는데, 이곳의 선생님은 야생동물에 대해 다양한 그림이 들어 있는 어린이 책을 친절하게도 직접 설명해 주었단다.

학년이 올라가자 나는 점점 책을 읽는 재미에 흠뻑 빠졌고, 급기야는 저녁밥은 걸러도 책 읽는 건 거르지 않는 수준이 되었단다.

나는 관심의 영역을 넓혀 가 다양한 주제를 다룬 책과 잡지를 탐독해 갔어. 탐험가의 모험, 세계 지리와 모험 소설에 이르기까지 모조리 읽어 나갔지.

내가 좋아하는 잡지는 ≪내셔널 지오그래픽≫이었는데, 나는 이 잡지가 나올 때마다 첫 장부터 마지막 장까지 게걸스럽게 읽어 치웠단다. 마치 맛있는 케이크를 먹을 때처럼 말이야. 일단 포크를 들면 다 먹을 때까지 케이크에 코를 처박고 먹는 데만 집중했지. 그 잡지도 그랬단다.

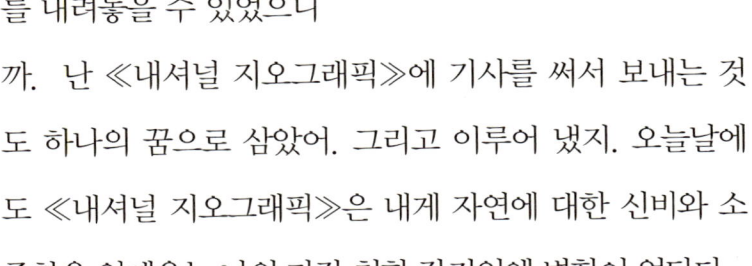

일단 첫 장을 펼쳐 들면 마지막 장까지 맛을 보아야지만 잡지를 내려놓을 수 있었으니까. 난 ≪내셔널 지오그래픽≫에 기사를 써서 보내는 것도 하나의 꿈으로 삼았어. 그리고 이루어 냈지. 오늘날에도 ≪내셔널 지오그래픽≫은 내게 자연에 대한 신비와 소중함을 일깨우는 나의 가장 친한 잡지임엔 변함이 없단다.

내가 받은 가장 멋진 책 선물은 열다섯 살 생일 때 받은 거였단다. 부모님께서 브리태니커 대백과사전 한 세트를 선물해 주셨지. 총 24권으로 이루어졌는데, 그중 어떤 책을 펼쳐 봐도 새로운 세계가 활자와 그림으로 변신하여 날 향해 손짓하며 웃음을 지었단다. 어서 이 세계로 들어오라는 듯이 말이야.

이 책을 읽으면서 세계를 향한 나의 눈은 전에 없이 환하게 열렸단다. 이 책은 멋진 정보로 가득 찬 '보물의 집' 같았어. 상상할 수 있는 모든 것에 대해 얘기해 주면서 수많은 다른 주제에 대한 관심을 불러일으켰지.

나는 이처럼 다양하게 여러 책들을 읽어 나가면서 '꿈의 목록'에 포함된 수십 개의 목표에 관한 아이디어를 얻을 수 있었단다.

이런 책들을 읽으면서 내가 몰랐던 세계 여러 나라의 강을 탐험하고 싶다는 생각은 더욱 강하게 내 심장을 두드렸어. 그것뿐만이 아니지. 세계 각지의 산을 정복해 보고 싶다는 생각이 들었고, 아무도 가보지 않은 장소를 탐험하고, 이국적 장소를 호기심에 가득 찬 눈으로 둘러보고 싶었지.

또한 내가 다른 사람들을 위해서 어떤 일을 '할 수 있는지' 또는 어떤 일을 '하고 싶은지'도 생각하게 했고, 새로 개발할 수 있는 기술에는 무엇이 있는지도 고민하게 만들었어.

나는 오늘날까지 '꿈의 목록'에 있던 127개 목표 가운데 111개를 달성했고, 그 후로도 400여 개의 목표를 더 이루었단다.

꿈을 이루려면 어떻게 해야 할까?

꿈과 노력은 친구사이란다.
꿈은 노력하게 만드는 이유가 되고
노력은 꿈을 이루게 만드는 힘이 되어 주지.
둘 사이는 떼려야 뗄 수 없는 사이야.

끈기와 열정이 있어야 해

　나는 '꿈의 목록'에 적은 것들을 현실에서 이루어 내기 위해 십대 시절을 모두 바쳤단다. 비가 부슬부슬 내리던 열다섯 살의 어느 오후에 내 삶의 지표가 바뀌어 버린 것이지. 난 그 노트를 거의 매일같이 들여다보았어. 그리고 그 꿈들을 이루기 위해 좀 더 의미 있게 생활할 수 있도록 노력했단다. 그로 인해 난 행복을 얻었으며, 어른이 되어선 몸뿐만 아니라 마음과 정신도 건강하고 낙관적인 사람으로 바뀌었단다. '꿈의 목록'이 하루하루 의욕적으로 밝게 살아갈 힘을 주었던 거야.

　'꿈의 목록'을 작성하고, 그것에 맞게 삶의 계획을 바꾸고, 준비 과정을 거쳐 목표 하나하나를 성공적으로 이루어 내기 위해 노력하지 않았다면 아마 500여 개의 목표 중 제대로 이룬 것은 하나도 없었을 거야. 이러한 과정은 바로 '끈기와 열정'에 의해 이루어졌단다.

나는 점차 내 꿈들을 현실에서 좀 더 빨리 실현하기 위해서 어떤 노력을 해야 하는지 감이 잡히기 시작했어. 그 노력 중 하나가, 마음속으로 각각의 목표를 실천할 때마다 그 꿈을 이루는 내 자신을 머릿속으로 구체적으로 상상해 보는 거였단다.

나일 강 일주 여행, 공군 입대, 상선을 타고 바다 여행하기, 중국의 만리장성 가기 등등을 이룰 때 난 실천에 앞서 나의 성공을 머리와 마음으로 구체적으로 그림을 그리듯 그려 나가기 시작했어. 그렇게 하면 신기하게도 자신감이 생기고, 구체적으로 어떻게 행동해야 할지도 미리 계획이 세워졌단다. 마음의 준비를 단단히 하는 것이 실제로도 큰 도움이 된다는 사실을 깨달은 거지.

대부분의 사람은 인생에서 뭔가 특별한 것을 이루고자 한단다. 하지만 통계에 따르면 100명 중 나이가 젊거나 많거나 3~5명 정도만 목표에 도달할 수 있다더구나. 꿈이라는 것은 실천을 통해 이룩하기 전까지는 환상에 지나지 않다는 걸 보여 주는 결과지. 꿈을 이루는 가장 좋은 방법은 목표를 세우고 그 꿈을 향해 모든 것을 집중하는 거야. 그렇게 하면 단지 희망사항이었던 것이 '꿈의 목록'으로 바뀌고, 다시 그것이 '해야만 하는 일의 목록'으로 바뀌고, 마침내 '이루어 낸 목록'으로 바뀐단다.

살면서 가치 있는 목표를 실현하는 것은 삶에 대한 의욕을 불어넣는 일이기도 해. 삶에 대한 의욕은 곧 '희망'이란다. 희망은 인생을 즐겁고 유쾌하게 만들지. 희망은 꿈이라고도 말할 수 있어. 희망이 없는 인생, 즉 꿈이 없는 인생은 삶에 대한 의욕을 잃어버려 결국 불만과 실망으로 가득 차기 마련이란다.

그렇다면 살아가면서 어떤 자질을 갖추어야 꿈을 이룰

수 있는 걸까? 꿈을 이루려면 구체적인 실천 방안이 세워져야 한단다. 다음 사항은 내가 꿈을 이룰 수 있도록 해준 내 인생의 기본 원칙이란다. 너에게 좋은 본보기가 될 수 있다면 좋겠구나.

아프면 아무것도 소용없단다

육체적 건강

- 규칙적인 운동과 균형 잡힌 식사를 통해 적당한 몸무게와 건강함을 유지해야 한단다.
- 이건 어른들에게 해당되는 이야기지만 그래도 미리 알아 두렴. 담배나 약물, 마약, 알코올 등에 중독되어 있다면 그 지배에서 하루라도 빨리 벗어나야 한단다.

정신적 건강

- 스트레스, 두려움, 우울한 감정은 영혼을 병들게 한단다.

- 친구와의 우정은 서로 공감하고 의지하며 함께 즐길 수 있게 하여 마음에 평안함과 안정감을 준단다.
- 집 안에만 있으면 우울증이 생길 수 있어. 밖으로 나가서 할 수 있는 일 (놀이, 여가활동 등)을 많이 찾아서 해야 해.
- 자원봉사를 통해 남과 더불어 사는 마음을 가져야 한단다.
- 미움, 질투 등의 감정을 마음에 담아 두지 않는 것도 중요하지. 남을 미워하기 전에 내 자신부터 살펴보렴. 나야말로 잘못하고 있지는 않은지 말이야.

영혼의 건강

- 음악, 시, 소설, 그림 등 예술을 생활 속에서 많이 접해 보고 감상해야 창의력과 상상력이 길러진단다.
- 자연과 그 속의 생명들과 친근한 관계를 맺어야 한단다. 그것들을 통해 우리도 자연의 일부인 것을 깨닫는다면 마음이 겸허해지지.

- 종교는 우리에게 평안함과 깨달음을 줄 수 있단다. 너무 집착만 하지 않으면 말이야. 기독교, 불교, 이슬람교, 유대교든지 간에 종교는 인간의 사랑을 강조한단다.

사람을 통해 배워야 한단다

- 외롭다고 느껴진다면 친구들이 옆에 있는지 혹시 내가 친구를 외면하고 있는 것은 아닌지 생각해 보렴.
- 갈등과 오해로 인해 서로 다툰 사람이 있거든 하루라도 빨리 화해해야 한단다. 네가 먼저 다가가 손을 내밀렴.
- 가족끼리의 사랑은 무엇보다 중요하단다. 부모님이 주는 사랑을 듬뿍 받은 네가 가족을 위해 무엇을 할 수 있는지 곰곰이 생각하고 실천해야 해.
- 사람들에게 표현을 많이 해야 한단다. 칭찬의 말은 너에게 친구를 만들어 줄 거란다.
- 용서하렴. 널 기분 나쁘게 하거나 너의 의견을 반대했

다고 해서 사람을 미워하면 안 된단다. 용서하게 되면 그 사람은 너의 친구가 될 거야.
– 아무리 예의 없고, 하찮아 보이는 사람도 네가 배울 수 있는 점이 한 가지는 분명히 있음을 명심해야 한다.

공부는 평생 해야 한단다

– 공부할 수 있는 여유와 기회가 생겼을 때 열심히 해두렴. 이 세상엔 공부하고 싶어도 못 배우는 아이들이 많단다.
– 대학이나 대학원 졸업장이 꿈을 이루는 데 꼭 필요한 것은 아니란다. 하지만 깊이 있는 학문을 접할 수 있는 기회를 가능한 많이 마련하렴.

– 대학이 아니더라도 전문적인 직업 기술과 지식을 배울 수 있는 기회는 얼마든지 많이 있단다.

교양은 마음을 살찌운단다

– 텔레비전은 될 수 있으면 적게 보렴. 시간을 정해 놓고 보는 것도 좋은 방법이란다. 그 대신 호기심을 채워주고, 의욕을 불어넣으며, 창의력을 높여 주는 책과 잡지를 많이 읽어야 한단다.
– 정기적으로 콘서트나 오페라, 발레 공연, 그림 전시회 등에 참석하도록 하렴. 예술은 언어가 다르고 사는 곳이 다른 세계인들을 하나가 되게 한단다.
– 여러 가지 테마가 있는 박물관이나 도서관에 가서 교양을 쌓는 일은 너의 지식을 풍부하게 해준단다.

돈은 꼭 필요한 수단이란다

― 모래 위에서 살 듯 불안정하게 살면 안 돼. 어른이 되었을 때 하루 벌어 하루 쓰는 나날은 언제 깨질지 모르는 유리병 속에 집을 짓는 것이나 마찬가지야.

― 안정적인 생활을 위해 당장의 만족을 뒤로 미루는 연습을 하렴. 그러려면 어려서부터 돈에 대한 소중함을 깨닫고 저축하는 습관을 들여야 한단다.

― 돈으로 무엇이든 살 수 있는 것은 아니란다. 예를 들어, 진정한 친구, 사랑, 가족 등이 주는 행복감은 돈으로 살 수 없지. 하지만 돈을 업신여겨서도 안 된단다. 돈은 꿈을 이루는 데에도 꼭 필요하니까 말이야.

나만의 꿈의 목록 작성하기

자, 그럼 이 세상에 단 하나뿐인 너만의 꿈의 목록을 만들어 보렴.
거창하고 큰 꿈보다
네가 이루고싶은 것, 네가 이룰 수 있는 것이 무엇인지
잘 생각해 보렴.

배우고 싶은 것

여행하고 싶은 곳

스스로에게 물어보렴. "니 꿈은 뭐니?"

두번째 이야기

나만의 꿈의 항해를 소개할게

- 나는 호기심많은 소년이었단다
- 바다는 꿈의 보물창고였어
- 일생일대의 나일 강 대탐험
- 나일 강에서 만난 친구들
- 사막이 아름다운 수단에서
- 신비로운 피라미드의 나라 이집트에서
- 콜로라도 강 대탐험

나는 호기심 많은 소년이었단다

호기심이 많은 아이는 하고 싶은 일도 많단다.
내 호기심은 자연과 더불어 생활하는 일이 많았던
내 어린 시절 덕분이야.

타고난 자연주의자란 무슨 말일까?

　부모님 말씀에 의하면, 나는 걸음마를 떼기 시작했을 때부터 호기심이 왕성했다고 하는구나. 작은 거미에서 커다란 말에 이르기까지 살아 있는 모든 것에 대해 관심이 많았단다. 그래서 아버지와 어머니는 해가 될지도 모르는 벌레나 이상한 동물을 키우려고 하는 나를 말려야 하는 일이 자주 있었다고 하더구나. 아버지께서 "존은 타고난 자연주의자야."라고 말씀하시던 기억이 새록새록 난단다.

　다섯 살 때쯤인가 오클랜드에서 샌프란시스코까지 가는 유람선을 탄 적이 있었어. 그곳에서 유람선을 쫓아오는 회색 물고기가 하도 신기해서 갑판 난간에 기대어 하얀 물거품을 일으키고 있는 파도 위로 몸을 깊숙이 숙였단다. 어머니는 그런 날 발견하고 깜짝 놀라 달려오셨지.

　그 회색 물고기는 돌고래란 것을 아주 뒤늦게 알게 되었어. 아마도 이 사건이 나의 호기심으로 인해 벌어진 사건

중 내가 기억할 수 있는 최초의 사건이 아닐까 한다.

이런 자연에 대한 호기심은 내가 다양한 꿈을 꾸는 데 아주 큰 역할을 했단다. 호기심은 호기심을 낳기 마련이거든. 어렸을 적 자연과 사물에 대한 나의 호기심은 종종 부모님들을 당황스럽게 하기에 충분했지.

내가 열 살 때 겪은 또 다른 사건을 말하지 않을 수가 없구나. 물론 이것은 나보다는 내가 키우던 강아지인 토비의 호기심 때문에 일어난 사건이긴 하지만 말이야.

토비는 작고 흰 테리어 종 강아지란다. 부모님께서는 여행을 아주 많이 좋아하셨어. 그래서 어린 나를 데리고 이곳저곳으로 야영을 많이 가셨단다. 그때도 우리 가족은 문이 네 개 달린 푸른 뷰익을 몰고 캘리포니아를 지나 여행에 나섰지. 물론 내 친구 토비도 함께 갔어. 이 녀석은 체구는 작았지만 나만큼이나 호기심이 왕성해서 나와 아주 잘 맞았단다.

다양한 자연 공간에서 야영하는 일은 매번 내겐 신나는

모험이었단다. 야영 장소에 도착하면, 짐을 내린 후 아버지께서 초록색 캔버스 천으로 만든 커다란 텐트를 치고 그 안에 침낭을 펴놓는 걸 돕곤 했단다.

자리가 어느 정도 잡히면 부모님은 접는 의자에 편안히 앉아 책을 읽으며 쉬시곤 했지. 그러면 으레 토비와 나는 주변의 숲으로 산책을 가곤 했어. 토비는 나를 앞질러 뛰어가다가 가끔 멈춰 서서 코를 땅에 박은 채 이국적이고 낯선 냄새를 맡는 것을 좋아했단다.

토비와 나의 우정을 자랑하고 싶구나

이번 여행의 목적지 중 하나는 장대한 규모의 세쿼이아 국립공원이었어. 국립공원에 도착하자마자 입구에서 공원 관리인이 토비를 항상 끈에 묶어서 다녀야 한다고 경고하면서 아버지께 숲에서 조심해야 할 일들을 알려 주었단다.

공원 안에는 흙먼지 투성이의 2차선 비포장도로를 따라

흔히 '붉은 숲'이라고 알려진, 탑처럼 높이 솟은 세쿼이아 나무들이 거대하게 솟아 있었어. 그리고 숲속으로 구불구불 길이 나 있었단다.

나는 주변을 둘러싼 거대한 나무들에 완전히 압도당했지. 그 풍경이 얼마나 멋지던지 입을 다물지 못했으니까. 그런 나무와 비교할 만한 것을 전에는 본 적이 없었기 때문이란다.

길을 따라 천천히 자동차를 타고 내려가는 동안 토비는 내 무릎 위에 앉아 앞발을 차의 창문틀에 올려놓은 채 계속해서 꼬리를 흔들었단다. 개들이 나무를 얼마나 좋아하는지 너는 아니? 나는 잘 알고 있었지. 토비는 아마도 이 거대한 높이의 세쿼이아 나무들을 보고 '이곳이 개들의 천국이겠구나.' 하고 생각했을 거야.
　우리는 나이가 3,500살 이상이나 되는, 세계에서 가장

유명한 어느 나무 앞에서 처음으로 멈추어 섰단다.

그 나무는 '셔먼 장군'이라고 부르는 거대한 세쿼이아 나무였어. 사건의 발단은 그때 시작되었단다. 아버지가 공원으로 가는 길옆에 차를 주차시킬 때 나는 공원 관리인의 경고가 생각나서 토비를 묶은 끈을 잡으려고 돌아섰단다. 그때 갑자기 토비가 마구 흥분하기 시작했어. 무슨 냄새를 맡았는지 금세 창문 밖을 빠져나가더니 멈추라고 소리치는 내 명령은 아랑곳없이 세상에서 가장 나이가 많은 그 나무를 향해 쏜살같이 내달리기 시작했지 뭐니.

'앗! 끈을 놓쳐 버렸네.'

개를 데리고 다니려면 끈으로 묶어 데리고 다녀야 한다는 공원 관리인의 말이 생각나서 나는 재빨리 토비 뒤를 쫓아 차에서 내렸단다. 간신히 쫓아갔는데, 토비는 전에 들어 본 적 없는 높고 큰 소리로 마구 짖어 대고 있었어. 가만히 지켜보니 그 나무 근처에 암사슴이 있는 게 아니겠니? 토비는 암사슴 한 마리를 사냥감으로 생각하고 사냥개처럼 몰아 댔단다. 토비는 사슴 주변을 맹렬하게 뛰어다니면서 마구 짖어 댔고, 계속해서 몰아붙이면서 사슴의 기세를 꺾어 놓으려고 했지.

나의 작은 개 토비는 태어나서 가장 재미난 일을 경험한 것처럼 날뛰었지만 암사슴은 화가 나서 펄펄 뛰었어. 자신을 귀찮게 구는 토비를 한 방 걷어차려고 계속 발을 구르며 토비와 맞서고 있었지. 당장이라도 암사슴의 발굽이 토비를 내려칠 것 같았지만 토비는 용케도 민첩하게 피했단다.

"토비, 안 돼! 이쪽으로 와! 어서, 당장!"

토비는 이 게임에 너무나 몰입한 나머지 이쪽으로 오라는 내 명령이 들리지도 않는 모양이었어. 나는 암사슴의 발굽을 피해서 토비를 잡으려고 시도했지. 몇 번 잡았다 놓치기를 반복하면서 마침내 토비의 몸뚱이를 꽉 붙잡을 수 있었단다.

토비를 가슴에 끌어안으면서 뒤로 물러났는데도 사슴은 이미 몹시 화가 나 있어서 이제는 나를 공격하려 들었단다. 사슴이 앞다리를 꼿꼿하게 펴고 나를 향해 달려오는 거야. 그 순간 암사슴의 날카로운 발굽이 내 이마를 세게 쳤단다. 정신이 멍해진 나는 뒤로 쓰러졌지. 그때 나는 토비를 팔로 꼭 안아 감싸고 있었지만 쓰러지면서 놓칠 수밖에 없었어.

사슴은 다시 공격을 가해 왔단다. 몸을 똑바로 다시 세우고 이번에는 발굽으로 내 가슴을 세게 들이박았어. 어찌나 아프던지 이 사슴이 이러다 나를 죽이겠구나 싶었단다.

그때 나를 다시 차려고 사슴이 몸을 일으키는 순간 토비가 사슴에게 달려들었어. 그런데 용케도 이 녀석이 암사슴의 발굽을 덥석 물어 버리지 않았겠니? 그래도 워낙 힘이 좋아서 암사슴의 기세를 당하진 못했지. 덤벼들었다가도 재빨리 피하기를 반복했어.

당황한 암사슴은 이제 토비를 향해 공격을 시작했단다. 몸집이 자그마한 토비는 사슴 주변을 날뛰며 돌아다녔고, 사슴과 내 사이의 위치를 계속 유지해 줬지.

"토비, 어서 이리 와!"

토비는 재빨리 몸을 돌려 내게 안겼어. 난 걸음아 날 살려라 하고 젖 먹던 힘을 다해 차를 향해 뛰었지. 암사슴은 우리 뒤를 쫓아오더니 우리가 차 안에 뛰어들어 문을 쾅 하고 닫고 나서야 그 자리에 멈춰 섰단다.

우리 부모님은 이런 사실을 전혀 눈치 채지 못하고 계셨어. 그때까지 차 안에 앉아서 공원 안내 책자를 읽고 계셨거든. 하지만 이마에서 피를 흘리며 뛰어 들어온 나를 본 순간 입을 다물지 못하셨지.

비록 많이 아프긴 했지만 토비가 살아서 나는 기뻤단다. 그리고 토비도 날 구하기 위해 그렇게 용감하게 사슴과 싸워 준 것이 정말 고맙고 기특했어.

크게 놀란 엄마가 찢어진 이마와 멍든 가슴을 살펴보는 동안 나는 사슴으로부터 받은 공격을 흥분에 들뜬 목소리로 설명해 드렸단다. 창밖을 내다보니 암사슴은 다시 공격을 시작할 태세를 갖추면서 차 근처를 신경질적으로 어슬렁거리고 있더구나.

"어서 여기서 나가자. 사슴이 유리창을 깨버리기 전에 말야."

아버지는 이렇게 말씀하시면서 얼른 차를 빼내어 공원 안에 있는 응급처치소로 날 데려가셨단다.

난 어머니 품에 안겨서 차창 밖을 내다봤는데, 두 마리 귀여운 새끼 사슴이 '셔먼 장군' 나무 근처 숲 속에 서 있는 모습이 보였단다. 이 새끼 사슴들은 엄마 사슴을 기다리고 있음이 분명해 보였어. 토비와 날 공격했던 암사슴이 이 새끼 사슴들의 어미였던 거란다. 자기 자식을 보호하기 위해 사나운 개와 나에게 덤벼들었던 그 대담함에 존경심이 저절로 우러나더구나.
또 하마터면 죽을 수도 있었던 나를 구해 준 용감무쌍한 나의 구세주 토비 역시 정말 자랑스럽고 사랑스러웠던 하루였단다.

바다는 꿈의 보물창고였어

아름다운 바닷가에서 어린 시절을 보낸 나는,
바다가 친구였고 꿈을 꾸게 만드는 선생님이었어.
바다를 통해 자연을 사랑하는 법도 배웠단다.

바다 밑 세계를 직접 본 적이 있니?

나는 평생 동안 시들지 않는 열정으로 모든 형태의 물을 사랑했단다. 강과 개울, 호수와 연못, 바다에 이르기까지 넘실대는 물은 나의 심장을 뛰게 만들었지.

그리고 나는 할 수 있는 모든 방법으로 물을 즐겼단다. 잠수, 서핑, 수상 스키, 플라이 낚시, 심해 낚시, 스케이트 타기, 제트 스키, 스쿠버 다이빙 등을 통해서 말이야.

또 항해하는 법을 배웠고, 갈대 뗏목과 바퀴가 달린 증기 기관선도 타보았단다. 그리고 4.8m 길이의 카약을 타고 세계에서 가장 긴 강인 나일 강을 일주했지.

그 밖에 미국의 화물상선에 일반 선원으로 취직하여 일을 한 적도 있고, 호화로운 유람선에 승객으로 타서 여행한 적도 있었단다.

이렇게 모든 종류의 물을 사랑하게 된 이유는 내가 자라 온 환경 때문일지도 모르겠다.

난 캘리포니아 남부 해안에서 늘 바다를 보고 자라면서 바다와 함께 친구가 되어 놀이를 즐겼단다.

어렸을 적 나는 거의 매일 근처 바닷가에 데려다 달라고 부모님한테 부탁했어. 얕은 바닷가에서 물장구도 치고, 작은 모래성도 쌓고, 해안을 따라 바닷새들을 쫓아다니며 놀았단다.

하지만 내가 진정으로 바다와 평생 동안 지속될 깊은 관계를 맺기 시작한 것은 열두 살 되던 해에 남태평양에 대한 책을 읽고 나서부터란다.

그 책에는 물안경만 착용한 섬의 주민들이 산소통도 없이 바다 밑으로 깊이 잠수해 들어가 어떻게 커다란 굴을 채취해 올라오는지에 대한 이야기가 자세히 나와 있었단다. 때로는 그들이 따온 굴 안에 아름다운 진주가 있었다는구나.

나는 그들이 하는 것처럼 잠수를 배우기로 결심했단다. 근처 스포츠 용품 가게에서 고무로 된 물안경부터 장만했지. 그러고는 곧 산타모니카 부두에서 어느 토요일 오후에 그 물안경을 써보기로 했단다.

부두를 지탱하는 둥근 나무 말뚝 주변에는 다양한 바다 생물들이 가득 뒤덮여 있었어. 물안경을 끼고서 얕은 바다로 잠수해 들어갔단다. 물안경이 제대로 잘 만들어졌다는 걸 알게 되서 곧 기분이 좋아졌지. 물안경을 끼면 물밑으로 헤엄쳐 내려갔을 때 물속 풍경을 세세히 볼 수 있었거든. 처음으로 보는 바다 속 풍경이었단다.

부두를 지탱하고 있는 수많은 말뚝마다 빨간색, 오렌지색, 보라색, 노란색 불가사리들이 달라붙어 있었는데 그 화려한 색상에 감탄하지 않을 수가 없더구나.

게다가 우아한 꽃처럼 생긴 말미잘도 있었고, 검정색 바위에 다닥다닥 붙어 있는 굴이며, 올리브 빛깔처럼 초록색인 게도 있었단다. 물속은 투명하고 맑아서 저 아래 바다 밑바닥에서 은빛 물고기 떼가 먹이를 먹고 있는 것까지 잘 보였단다.

그동안 수영과 잠수 기술을 충분히 연마한 나는 열세 살이 되었을 땐 파도 너머에 있는 암초까지 수영해서 갈 수 있는 실력이 되었단다. 그곳에서 수심 3~4m를 잠수해 들어가서 손에 잡힐 정도로 큰 바다가재 한 마리와 전복 두세 마리를 잡을 수 있었지.

가족들과 함께 맛있게 먹을 일요일 저녁 재료를 장만한 거야. 하지만 한 끼 먹을 것 이상으로 많이 잡은 적은 결코 없었단다.

전복이 내게 교훈을 주더구나

바다는 나의 인격 형성에 큰 영향을 주었단다. 때로는 거칠고 엄격하게 다루는 스승이기도 했지만 언제나 넓은 품으로 날 포근하게 감싸 주곤 했지. 나의 수영과 잠수 실력은 해가 갈수록 늘어만 갔단다.

　내가 잠수하러 즐겨 찾던 곳 중 하나는 캘리포니아의 라호야 근처에 있는 아름다운 바닷가였어. 물은 언제나 투명하게 맑고, 무수히 많은 바다 생물들이 넘쳐나는 곳이었지. 나는 열여섯 살 때 이곳에서 딴 전복 중 가장 큰 것을 건져 올릴 수 있었단다.

　그날도 난 잠수할 때 쓰는 얼굴 보호용 마스크와 수영용 오리발을 착용하고 잠수를 즐겼단다.

　한 번 잠수할 때마다 30~40초 정도 숨을 멈추어야만 했지. 해안선을 정면으로 마주하고 있는 울퉁불퉁한 절벽의 바닥에 있는 큰 틈새를 조사하는 중이었단다.

　빨간 바다가재와 회녹색의 붕장어가 틈새를 차지하고 들어앉아 있더구나. 자몽 정도 되는 크기의 바다 성게는 바닥에 셀 수 없이 많이 깔려 있었지.

　그렇게 절벽을 따라 헤엄치며 여러 바다 생물들을 구경하고 있었는데, 어느덧 입구가 좁은 해저 동굴에 다다르게 되었단다.

　나는 조심스럽게 그 안으로 들어갔지. 어두컴컴했지만 곧 어두운 초록색 불빛에 적응이 되자 굴 안에 붙어 있는 여러 조개들이 보였단다.

　그때 발견한 것이 내가 보아 온 것 중에 가장 커다란 전복이었어. 전복들은 엄청나게 강력한 흡입력으로 바위 표면에 붙어 있단다.

　나는 잠수할 땐 늘 전복 따는 데 필요한 도구를 갖고 다녔는데 공교롭게도 그날은 지니고 있지 않았단다.

하지만 나는 도구 없이도 전복을 떼어 낼 수 있는 방법을 알고 있었단다. 전복이 물에서 빨아올린 먹이를 걸러 내고 찌꺼기들을 배출하기 위해 자신의 몸을 살짝 들어 올릴 때가 있는데, 그때 빨리 손으로 낚아 채면 되는 거야.

나는 그 커다란 전복이 정말 가지고 싶었단다. 그때였어. 조심히 손을 뻗는 순간 균형을 잃어버리고 그만 전복 껍데기의 가장자리를 꽉 붙잡게 되었는데, 놀란 전복이 껍데기를 즉시 닫아 버리는 바람에 내 양 손가락의 첫 번째 관절들이 전복 껍데기에 꽉 물려 버렸단다.

나는 전에 캘리포니아의 구조대원을 비롯해서 잠수부들이 전복에 물려 익사했다는 비극적 이야기를 책에서 몇 번 읽은 적이 있었단다.

겁에 질린 나는 안간힘을 다해서 가까스로 왼손을 전복에게서 빼냈는데 오른쪽 손가락은 여전히 빼낼 수가 없었어. 숨은 계속 막혀 오고, 천년만년처럼 느껴지는 시간이 지나갔지. 나중에 알고 보니 최소 3분 정도는 그렇게 있었던 것 같더구나.

내가 아무런 저항 없이 전복이 힘을 빼길 기다리자 전복은 서서히 입을 벌리기 시작했단다. 간신히 바다 밖으로 나온 나는 완전히 녹초 상태가 되었어. 절벽 가장자리의 평평한 바위 위에 한 시간 동안이나 쓰러져 누워 있을 수밖에 없었지.

이 힘들었던 경험을 통해 나는 바다에 대해 좀 더 겸손해질 수 있었단다. 아름답고 신비한 보물창고인 바다는 우리가 경각심을 가지고 아끼는 마음으로 조심히 대할 때

에만 아름다울 수 있다는 것을 알 수 있었지.

바다뿐만이 아니란다. 산도 강도 동물도 식물도 우리의 생명을 위협하는 존재가 될 수 있단다. 우리가 그것들을 함부로 다룰 때 말이지.

이렇게 좋은 면, 나쁜 면 모두를 알아야만 너의 꿈을 이루는 데 있어서 좀 더 꼼꼼한 준비를 할 수 있는 거란다. 나는 이런 진리를 그 후로도 몇 번 더 깨달을 수 있었단다.

일생일대의 나일 강 대탐험

가장 원대하고 가장 위험한 목표, 꿈의 목록 첫 번째 목표였던
나일 강 일주가 드디어 시작되었어.
나의 마음을 성장시키고 많은 친구들을 만나게 해준 위대한 탐험이었단다.

강을 따라 여행해 본 적 있니?

'강의 여왕'이라고 불리는 강이 있단다. 자연을 '여왕'이나 '왕'이란 말로 빗대어 표현할 때는 그 모습이 무척 크고 웅장하거나 아름답고 고상해 보인다는 말이란다.

그렇다면 세계에서 가장 긴 강이 저 별명을 가질 수 있지 않을까? 그래, 얘야. 나일 강의 별명이 바로 '강의 여왕'이야. 나일 강의 길이는 6,690km로 적도 부근에서 발원해서 지중해까지 흐르는 세계에서 가장 긴 강이란다.

또한 나일 강의 하류에는 거대한 면적의 평야를 이루는 삼각주가 형성되어 있단다. 사람들은 이 기름진 땅에서 농사를 지으며 살고 있지.

나일 강은 백인에서 흑인, 피그미족에서 거인족 그리고 토착 종교에서 이슬람교, 그리스도교 교인들에 이르기까지 수많은 인종과 민족, 부족을 먹여 살리는 생명의 젖줄이란다. 그래서인지 나일 강 주변에는 세계적으로 유명한 고대사의 유적들이 줄지어 서 있지.

　또 나일 강 삼각주에는 수많은 종의 동물과 파충류가 서식하며, 아프리카에서 가장 다양한 종류의 새들이 서식하고 있단다. 나일 강의 주요 수원은 세계에서 두 번째로 큰 민물 호수인 빅토리아 호수이며, 그 넓이는 무려 6만 9,485km^2나 된단다. 아프리카 최대의 도시인 카이로도 이 강의 입구에 위치하고 있지.

　만약 나일 강이 없었다면 이집트란 나라도 역시 존재하지 못했을 거야. 왜냐하면 이집트란 나라는 나일 강의 범람에 의해 비옥해진 토지에

서 경작을 하고, 나일 강의 수자원을 이용하여 살아가는 나라이기 때문이지. 이집트가 나일 강 때문에 존재할 수 있었다면 인류는 그 이집트의 문명에 많은 영향을 받았단다. 태양력, 측량술, 토목술 등이 매우 발달한 나라였으니까.

그런데 이 강 전체를 탐험한 사람이 지금까지 아무도 없었다는 사실을 나는 우연히 알게 되었단다. 내 꿈의 목록의 첫 번째 목표가 '나일 강 탐험'이란 건 알고 있겠지? 중앙아프리카의 나일 강 수원지에서 지중해에 이르는 강의 입구까지 나일 강 일주 탐험을 처음으로 실행하는 사람이 되고 싶었단다.

나는 프랑스 탐험가인 장 러포트 그리고 앙드레 데비와 함께 탐험길에 나섰단다. 그들은 내가 아는 이들 중 가장 용감한 사나이들이었지.

그 둘은 성격이 정반대였단다. 장은 호리호리한 서른한 살의 학자로 푸른 눈과 금발머리, 희고 부드러운 피부를 가지고 있었고, 앙드레는 서른여섯 살의 작가이자 기자로 작은 체구지만 운동선수처럼 단단한 몸집에 진갈색 머리와 눈동자를 가졌고, 우스갯소리를 잘하는 사람이었어.

스물여섯 살인 나는 장보다 다섯 살 어리고 앙드레보다는 열 살이 어렸지만 우리 셋의 나이가 탐험을 하고 우정을 쌓는 데 아무런 문제가 되지 않았단다.

우리 셋은 함께 나일 강을 일주해 내려가면서 매일 경험한 것을 자세히 기록하기로 계획을 세웠어.

뛰어난 재능을 지닌 예술가인 장은 스케치북과 카메라로 여행의 기록을 담당하기로 했지. 그리고 프랑스 자연사 박물관에 기증하기 위해 곤충 표본을 수집할 예정이었어. 앙드레는 세계 굴지의 통신사인 AFP(프랑스의 통신사)에 여행에 대해 주기적으로 기사를 쓸 예정이었단다.

나도 그저 탐험만 하는 것이 아니라 16mm 필름을 사용해서 텔레비전과 강의용 영상을 촬영할 계획이었어. 또 35mm 카메라로는 사진을 찍어서 이 탐험에 대해 출판하기로 한 책에 사용할 예정이었단다.

이 조가비 같은 배로 나일 강을 일주한다고?

우리는 평생 동안 모은 돈을 이 탐험에 쏟아 부어야 했고, 거액의 은행 대출을 통해 자금을 마련할 수 있었어. 원래 계획은 강 남쪽은 카약을 타고 여행하고, 나머지 반인 강 북쪽은 펠러커(지중해 연안의 삼각돛을 단 소형 범선)를 타고 여행하는 것이었단다.

하지만 유럽의 다양한 강에서 15년 이상 카약을 탄 경험이 있는 장이 일주 기간 동안 카약만을 타자고 해서 우리는 프랑스의 마른 강과 센 강에서 적응 훈련을 마쳤어.

카약은 모터가 없어 조용하고 조종이 쉬우며 환경오염의 염려가 없었기 때문에 나일 강 여행에 딱 좋을 것이라고 생각한 거란다. 또 카약은 남들 간섭 없이 독립적으로 우리만의 속도를 따라 여행하기에도 아주 그만이었단다.

"이 조가비 같은 걸로 나일 강을 일주하겠다고요?"

케냐의 주요 항구인 몸바사에 내려서 세관 고위공무원에게 우리의 장비를 보여 주자 그는 이런 말을 내뱉더구나.

"당신들 허풍쟁이구만!"

나는 그의 무뚝뚝하지만 정직한 반응에 웃지 않을 수 없었단다. 하지만 우리가 가진 에스키모 형의 작은 배는

4.8m 길이에 30kg밖에 안 되는지라 세계에서 가장 긴 나일 강을 일주하기에는 적당해 보이지 않는 것이 사실이었지. 로스앤젤레스에서 페루의 리마까지 또는 뉴욕에서 이탈리아의 나폴리까지 노를 저어 여행하는 것과 마찬가지였으니까.

부정적인 반응은 파리에서 중앙아프리카까지 가는 도중에 만난 모든 공무원, 관계 당국자, 전문가들에게서도 똑같이 반복되었단다.

"이런 불가능한 일을 하다니 터무니없는 시도입니다!"

"말도 안 되는 위험한 여행이에요!"

"셋이 같이 죽겠다는 얘기로 들리네요!"

하지만 우리를 적극적으로 말리는 사람은 아무도 없었단다. 대부분의 관료들은 도움을 주었고 잘 대해 주었지. 그리고 이 여행이 얼마나 위험한 것인지도 말해 주었어. 어두운 밀림, 빠지면 아무 흔적도 남지 않는 늪, 우레 같은 소리를 내며 쏟아지는 폭포, 목숨을 앗아 가는 질병, 모래 바람, 낯선 이에게 적대적인 원주민, 생명을 위협하는 더위, 아프리카에서 가장 무서운 동물인 하마, 악어 등 이 모두가 우리를 위태롭게 할 거라고 말이야.

물론 그들의 말이 옳단다. 광범위한 사전 조사를 통해 나 역시 이런 문제들에 대한 경고를 받았어. 심지어 가까운 친구와 친척들조차 왜 내가 편안하고 안전한 집을 떠나, 지구상에서 멀리 떨어진 곳까지 가서, 헤라클레스나 했을 법한 모험에 뛰어들려고 하는지 이해하지 못했단다.

하지만 남들이 모르는 것을 경험함으로써 깊은 만족감 같은 마음의 보상을 받는다는 사실을 나는 확실히 믿고 있었지. 보기 드문 광경과 마주치고, 생생한 모험을 경험하며, 특히 때 묻지 않은 자연의 아름다움을 마음껏 즐긴다는 자체가 내겐 탐험을 나섰기 때문에 얻을 수 있는 보람이었단다.

이것은 내가 어렸을 적 '꿈의 목록'을 작성하기 이전부터의 바람이며, 거부할 수 없는 어떤 운명 같은 것이었단다. 아프리카로 와서 가능한 모든 다양한 방법으로 아프리카의 매력적인 문물들을 모두 경험하라는 운명 말이야.

나일 강 원정은, 말할 것도 없이, 모험으로 가득 찬 내 삶에 있어서 가장 위대한 모험이 되었단다. 내가 작성한 '꿈의 목록' 중 가장 원대한 꿈이었지. 또한 가장 위험한 모험이기도 했단다. 그리고 난 그것을 이루어 냈지.

카약을 탄 첫날부터 지중해에 도착 직전이던 마지막 주까지 위험하지 않은 순간은 거의 없었어. 늘 힘에 부쳤고, 두려움을 극복하기 위해 내 마지막 남은 용기까지 끌어올려야 했으니까. 하지만 그만큼 잊지 못할 여행이었단다.

전에는 내가 살아 있다는 사실을 귀중한 축복으로 여기지 않았지. 그런데 나일 강을 탐험하면서 나 자신을 지배하는 깊고도 풍부한 '삶의 기쁨'에 사로잡히게 되었어.

나는 앞으로 내 삶의 남은 기간 동안 이 생각을 계속 품고 살기로 결심했단다. 내가 사랑하고 존경하게 된 많은 아프리카인들처럼, 매일매일 긍정적인 마음으로 마치 오늘이 마지막인 것처럼 기쁜 마음으로 살기로 말이야.

고대 인도에서 전해 내려오는 유명한 시「오늘을 보라」에는 이러한 나의 감정이 잘 나타나 있단다.

오늘을 보라!
이것이 바로 인생, 삶 중의 삶이기 때문이다.
짧은 인생 동안 모든 진실이 펼쳐진다.
성장의 기쁨
행동의 영광
아름다움의 위대함
어제는 이미 꿈이고 내일은 환상일 뿐
하지만 충실히 살아 낸 오늘은 모든 어제를 행복의 꿈으로
모든 내일을 희망의 환상으로 만들 것이다.

그러니 오늘을 잘 보라.

이것이 바로 새벽의 축복이니라.

나일강에서 만난
친구들

너는 꿈꾸는 방법을 알고있니? 어떤 꿈을 꿀까? 그 꿈은 어떻게 이룰 수 있을까?
꿈에도 배움이 필요하단다.
나도 이렇게 꿈을 키우고 배워갔지.

바다 같은 호수가 있단다!

우리는 얼마 안 있어 나일 강의 주요 수원인 거대한 빅토리아 호수를 여행하게 되었어. 내륙에 있는 이 호수는 엄청나게 넓어서 크기가 바다 같단다. 면적이 6만 9,485km^{2}이고, 최대로 깊은 수심이 82m나 되고, 호안선의 길이만 해도 3,440km로, 담수호로는 세계에서 두 번째로 큰 호수란다. 이는 스위스 국토의 반 정도 되는 크기야. 실로 어마어마한 크기가 아닐 수 없단다. 놀랍지 않니? 이 지구라는 별이 말이야.

나의 최초의 '꿈의 목록' 중 68번 목표가 바로 "빅토리아 호수에서 수영하기"였단다. 나는 빅토리아 호수에 도달하자마자 이 꿈을 이루기 위해 혼자 조용히 수영할 만한 곳부터 찾았어. 시원하면서도 초록색으로 깊은 빛을 내는 빅토리아 호수의 물이 내 몸을 감싸는 그 느낌은 뭐라 표현하기 어려운 벅찬 감정을 느끼게 해주더구나.

장과 앙드레와 나는 풀이 나 있는 호숫가를 걷거나 차를 타고 다니면서 호수 주변을 이틀 동안 탐색했어. 그러고는 호수의 북쪽 끝 지점을 향해 나아갔지. 그곳은 나일 강의 발원지이기도 하단다.

우리는 서쪽 제방을 따라 걸어가면서 파노라마처럼 펼쳐진 아름다운 풍경을 즐겼단다. 지난 몇 달 동안 나일 강은 생전 처음 겪는 고통스러운 경험으로 우리를 몇 차례 좌절시키기도 했지만 그 덕분에 우리는 일생 동안 가장 특별했던 경험을 할 수 있었단다. 발아래 펼쳐진 나일 강의 장관에 압도되어 침묵 속에 잠기곤 했어. 뭐라 표현할 말을 잃은 것이지.

호수에서 나온 물은 드넓고 완전한 강물이 되어 웅장한 물결로 흘러가면서 우간다, 수단, 이집트를 지나 마침내 푸른 지중해까지 도달한단다. 나는 이 놀라운 강을 처음 발견한 영국의 탐험가 존 해닝 스피크(1827~1864, 내 십대 시절 영웅 중 한 명이란다.)에 대해 생각했어.

그는 1862년 7월 28일 이곳에 와서 지리학상 가장 오래되고 신비한 미스터리인 나일 강의 주요 발원지를 발견했단다. 나는 한참 뒤에나 이곳에 왔지만 위대한 탐험가 선배가 이 호수를 발견할 당시의 기분을 알 수 있을 것 같아 가슴이 쿵쾅거리더구나.

바소가 부족은 나일 강과 배를 사랑한단다

우리는 강을 따라 내려가면서 무성한 정글을 뚫고 가느라 몹시 힘들었는데, 정글은 점점 커져서 지나갈 수 없을 정도에 이르렀단다. 그리고 우리 앞엔 도저히 건널 수 없는 거친 물살이 기다리고 있었지. 이 장애물 때문에 우리는 어쩔 수 없이 작은 항구인 나마사갈리에 도착해 탐험 초기에 부서져 버린 앙드레의 카약과 짐들을 정비해야만 했단다.

나마사갈리에서 우리는 코푸라는 이름의 젊은 아프리카인을 만났는데, 그는 바소가 부족 출신인데도 영어를 유창하게 잘하더구나. 그는 우리의 통역이 되어 새 배를 구하도록 도와주었지.

　바소가 부족은 물을 사랑하는 긍지 높은 부족이었는데, 아프리카에서 가장 유능한 뱃사람이기도 해. 강둑 위에서 몇 명의 건장한 바소가 남자들이 허리에만 천을 두른 채 정글의 나무를 통째로 솜씨 좋게 깎아서 '피로크'라 부르는 배를 만드느라 바쁘게 움직이고 있더구나. 그 배는 선명한 초록색과 빨간색으로 칠해져 있었고, 매우 날렵하게 생긴 기다란 배였어.

　다른 남자들은 땅바닥에 앉아서 실을 꼬아 만든 고기잡이 그물을 손질하고 있었지. 우리는 코푸를 앞세워 그들에게 다가가 배를 사겠다고 말했단다. 거의 쉴 새 없이 일하던 어부들은 배를 사겠다는 우리의 제의를 정중하지만 단호하게 거절했어. 말을 거는 어부마다 똑같은 대답을 해왔지. 바소가 남자들은 가족 다음으로 배를 가장 소중하고 명예로운 재산으로 생각하기 때문에 팔지 않으려고 했던 거란다.

나무를 베어 불에 잘 그을리고, 끌로 깎아서 배를 만드는 작업은 몇 주나 걸리는 힘든 일이지. 그래서 아무리 많은 돈이라도 바소가 어부에게는 배의 값어치를 대신할 수 없었던 거야.

우리는 배를 구하지 못해 난감했단다. 그래서 두 배로 값을 쳐줄 테니 카약을 팔라고 부탁하며 돌아다녔어. 마침 항구의 우두머리가 우리에게 '오우무'와 '가브리니'라는 이름의 잘루오 부족 두 명을 소개해 줘서 다행히도 배 문제를 해결할 수 있었단다. 그들이 자신의 배로 우리를 다음 목적지까지 데려다 주기로 한 것이지.

우리는 부서진 앙드레의 카약과 짐들을 그들의 배에 싣고 일주를 계속할 수 있었단다. 우리는 그들과 함께 다음 목적지까지 가는 동안 내가 지금까지 보아 왔던 것 중 가장 멋지고, 날렵하며, 용맹스럽게 생긴 배를 볼 수 있었단다.

우리는 적막과 고요함 속에서 강 위로 드리워지는 황혼을 따라 조용히 노를 젓고 있었어. 바로 그때 한 무리의 남자들이 내지르는 소리가 들려 왔단다. 균형이 잘 잡힌 경주용 카누가 우리 뒤로 빠르게 물살을 가르며 다가오고 있었지.

그 배는 우리가 봤던 나마사갈리에서 건조된 배였단다. 배의 후미에 앉은 선원이 부르는 신나는 노래에 맞추어 건장한 바소가 남자들 일곱 명이 열심히 노를 젓고 있더구나.

10.5m 가량의 아름다운 이 배는 임팔라(아프리카 영양)의 뿔 한 쌍을 뱃머리에 달고 있었지. 과거에 부족들이 서로 전쟁을 벌이던 시절이라면 아마도 이 배는 전투를 앞장서서 지휘하는 데 사용되었을 거야. 그만큼 날렵하고 용맹해 보였지.

배가 우리 옆을 하도 빠르게 지나가는 바람에 마치 우리 배는 닻을 내리고 멈춰 선 것처럼 느껴지더구나. 힘차게 노를 저을 때마다 그 날렵한 배는 앞으로 죽죽 나아갔고, 이내 안개 속으로 사라져 버렸어. 내 생애 그렇게 나일 강과 잘 어울리는 멋진 배는 처음 봤단다.

잘루오 부족의 낡은 배를 타고

나마사갈리에서 약 60km를 내려온 우리는 아메바 모양의 '키오가 호수'로 들어섰단다. 나일 강은 이 얕은 호수를 천천히 흘러가는데, 수백만 리터의 물이 호숫가와 닿아 있는 스펀지 같은 습지대로 흡수되는 곳이었어.

두 명의 잘루오 부족 친구들과 함께 노를 저어 가면서 마치 내 자신이 지금 세상의 사람이 아닌 것처럼 느껴졌단

다. 인간이 만들어 낸 가장 기본적이고 원시적인 형태의 교통수단을 타고 있었으니 말이야.

나무 둥치를 깎아 만든 잘루오 친구들의 배는 오직 근육의 힘으로 노를 저어야만 움직였어. 지금까지 발견된 것 중 가장 오래된, 네덜란드의 습지에서 발굴된 8,000년 전 배의 뒤를 이을 만큼 낡고 원시적인 배였지.

우리는 몇 시간 동안 아무 말 없이 노를 저었단다. 홀연히 신선이 나타날 것만 같은 풍경이 주위를 감싸고, 머리 위에는 드넓은 하늘이 푸르게 펼쳐져 있었단다. 마치 꿈속을 거니는 것 같은 기분이었지.

이 기괴한 고요함을 깨뜨리는 것은 노를 저을 때마다 초록색 물과 부딪히면서 나는 찰랑거리는 소리와 부드러운 바람의 속삭임 그리고 이따금씩 들려오는 따오기 울음소리뿐이었어. 도시에 사는 사람이라면 어느 곳에서도 느껴 보지 못할 평화로움을 이곳에서는 한껏 느낄 수 있었단다.

나는 내가 느낄 수 있는 모든 감각들을 동원해 길을 따라 펼쳐진 풍경 하나하나를 모두 즐겼단다. 콘도르가 우아하게 머리 위에서 높이 날아다니는 모습, 무지갯빛의 붉은 섬광처럼 태양새가 빠르게 지나가는 모습, 호수 위에서 춤추면서 만화경 같은 아름다운 무늬를 만들어 내는 바람 그리고 파란 잠자리가 내 주변을 빙빙 돌면서 내는 윙윙거리는 소리 등 어느 하나 즐겁게 느껴지지 않는 것이 없었어.

물총새가 자주 나타났는데, 암청색 날개와 계피색 몸체 그리고 빨간색 다리를 가지고 있어서 다채로운 풍경을 만들어 냈단다. 물총새는 마치 장난감 헬리콥터처럼 수면 위를 맴돌다가 빛을 내뿜으며 물속으로 화살처럼 들어가서 물보라를 만들었단다. 그리고는 수면 가까이 헤엄치는 작은 물고기를 낚아채곤 했는데 혀를 내두를 만한 솜씨였단다.

하마가 귀엽다는 말은 모두 거짓말!

　나일 강을 탐험하면서 내가 만난 하마는 아마 수백 마리가 넘었을 거다. 하마가 내는 소리는 어찌나 큰지 노를 젓는 우리를 움찔거리게 만들었단다. 게다가 하마가 갑자기 배 근처에서 물속에라도 뛰어들라치면 배가 뒤집힐 정도로 물결이 일어 위험할 때가 많았어.

　아프리카로 여행을 오기 전 나는 하마를 동물 세계에서 가장 우스꽝스럽게 생긴 광대 같은 동물로 여겼단다. 왜 그렇게 생각했을까 곰곰이 생각해 보니 모두 만화가들 때문이 아닌가 싶다. 만화를 그리는 사람들이 하마를 덩치만 큰 약간 멍청해 보이는 캐릭터로 그렸기 때문이지.

　하지만 하마는 아프리카의 다른 어떤 동물보다 사람에게 위험한 동물이라고 하더구나. 악어보다도 사람을 더 많이 죽이니까 말이야. 일 년에 200명 이상의 사람들이 하마 때문에 죽는다고 하니 할 말을 잃을 만하지?

나는 이제 하마의 거대한 삽 같은 입과 날카로운 위아래 송곳니가 단 한 입만 깨물어도 사자나 악어의 척추 또는 카약이나 작은 배를 조각조각 쉽게 부서뜨릴 수 있다는 사실을 잘 알고 있단다. 우리는 탐험 도중 이렇게 무서운 하마를 무수히 맞닥뜨려야 했어.

강을 따라 내려오던 어느 날 밤이었단다. 하마 한 마리가 어슴푸레 빛나는 물을 가르며 우리에게 오고 있었어. 밤의 적막은 하마가 울부짖는 소리에 산산이 부서졌단다. 우리는 몸을 숙여 전속력으로 노를 저었지만 이 묵직한 잘루오 부족의 배는 어찌나 느리게 움직이는지 미칠 지경이었어.

앙드레와 나는 느려 터진 배 안에 꼭 붙어 있어야 했지. 일행의 수가 많으면 혹시 하마를 혼란스럽게 하거나 위협이 될 수 있을 것 같기 때문이었어.

그런데 다행히도 우리에게 다가오던 하마는 단순히 호기심에 차 있던 것 같더구나. 하마는 상당한 거리를 두고 우리를 따라오더니 갑작스레 나타났던 것처럼 갑자기 어둠 속으로 사라졌단다. 나는 어둠 속에서 우리 주변을 헤엄치고 있는 하마의 수에 당황했단다. 생각보다 하마 무리가 곳곳에 널려 있었던 거야.

보통 하마는 땅 위의 먹을거리를 찾아 밤에 수면 위로 떠오른단다. 그들은 거친 황야나 강줄기를 따라 먹을거리를 찾아 뒤지는데, 즙이 많이 나오는 식물과 달콤한 풀을 찾아서 몇 킬로미터 이상을 갈 때도 있단다. 밤에 100~150kg의 풀을 먹어 치우고는 물가로 돌아와 낮에는 물놀이를 즐기는 생활을 하는 것이지.

자신의 영역에 침입한 우리에게 성이 난 하마들은 콧김을 거세게 내뿜고 있었단다. 하마들은 배 안에서 겁에 질려 꼼짝 못하고 있는 장과 잘루오 부족 두 명을 가까이 다가오면서 위협해 왔어.

앙드레와 내가 하마의 관심을 돌리기 위해 카약의 노를 휘두르자 위협해 오던 하마 한 마리가 몇 분 동안 끈질기게 쫓아왔단다. 우리는 걸음아 날 살려라 하며 끊임없이 노를 저어 댔지. 주위로 하얀 물거품이 일 정도로 말이야. 젖 먹던 힘까지 다 내서 노를 저었지만 하마는 여전히 우리가 있는 곳 근처까지 쫓아와서 겁을 잔뜩 먹게 했단다.

마침내 하마를 따돌린 우리는 기진맥진하여 배를 파피루스 나무 둥치에 묶어 놓고 짐 사이로 몸을 숨겼어. 너무 피곤했던지 우리는 곧 잠에 곯아떨어졌단다. 이때 시간은 자정 무렵이었는데, 우리는 거의 열다섯 시간 동안 쉬지 않고 계속 노를 저었더구나. 지금 생각해도 팔다리가 뻐근해 오는 것 같구나.

우리는 드디어 다음 목적지인 마신디 항구에 도착하였단다. 그곳에는 나무를 땔감으로 하는 증기선이 있어서 우리는 이 배에 앙드레의 부서진 카약과 잘루오 부족의 배를 싣기로 결정했단다. 잘루오 부족 친구들도 이제야 집에 갈 수 있다는 것을 알자 기쁨에 가득 차서 그제야 하얀 이를 드러내며 활짝 웃더구나.

우리는 서둘러 짐을 싣고, 두 아프리카 친구에게 두둑하게 보너스를 주고는 작별의 악수를 나눴단다. 곧 작은 증기선이 물살을 가르며 상류를 향해 출발하고 장과 나는 육지에 남아 두 친구와 앙드레에게 손을 흔들었지. 앙드레와는 곧 만날 것이지만 두 잘루오 친구들과는 갑작스럽게 헤어지는 것 같아 마음이 서글퍼졌단다. 함께 지낸 며칠 동안 진정으로 그들을 좋아하게 되었고, 다시 만나기 어렵다는 것을 알기 때문에 더욱 슬퍼졌지.

그 후에도 백인이건 흑인이건 아프리카 친구들과 이별하면서 느끼는 슬픔은 여행 내내 자주 겪는 일이었음에도 불구하고 언제나 고통스러운 경험이었단다.

나는 탐험 내내 특별한 사람들과 따뜻한 관계를 맺었단다. 그 우정은 평생 동안 누리고 싶을 만큼 소중한 것이었지. 하지만 잠깐의 시간이 지나면 그들과 영원히 헤어져야 했어. 나는 이 사실을 슬퍼하지 않고 담담하게 받아들이는 법을 지금까지도 제대로 배우지 못했단다.

아프리카 코끼리를 코앞에서 직접 촬영했단다

5t이나 나가는 커다란 코끼리를 아주 가까이에서 본 적이 있니? 아마 동물원에서나 담장을 사이에 두고 바라볼 수 있었겠지. 하지만 난 그런 코끼리를 바로 앞에 두고 촬영까지 했단다. 이것도 내 '꿈의 목록'에 있는 목표였어. 야생동물을 직접 촬영하는 것은 무척 위험한 일이지만 흥미진진한 일이며, 나만 보기에 아까운 장면들을 여러 사람들에게 알릴 수 있는 좋은 기회이기도 했단다.

장과 나는 증기선을 타고 떠나 부서진 카약을 고친 앙드레와 팍와치 항구에서 다시 만나기로 했단다. 팍와치에 도착하기 몇 백 미터 전 저 멀리에서 초록색과 노란색의 해안선에 네 개의 어두운 점이 보였지. 내가 볼 때 그들은 움직이고

있었는데, 쌍안경을 보니 정확하게 그것이 무엇인지 알 수 있겠더구나. 바로 코끼리였단다!

나는 몸을 돌려 장에게 이 사실을 알리려 했지만 그는 너무 멀리 뒤에 있었어. 할 수 없이 나 혼자 그 코끼리들에게 최대한 다가가서 근처 파피루스 안으로 몸을 숨겼단다.

나는 배 안에서 기어 나와 갈대숲에 책상 다리를 하고 앉아서 거대한 코끼리들이 평화롭게 풀을 뜯어 먹는 광경을 바라보았어.

코끼리는 서로에게 코로 물을 뿜어 주었는데, 물을 끼얹으니 피부색이 훨씬 어두워지더구나. 코끼리는 긴 코를 뱀처럼 구부려서 풀을 뜯어 올렸어.

그러다가 네 마리 중 세 마리는 어슬렁거리며 느릿느릿

다른 곳으로 가버렸고, 한 마리는 남아서 나를 향해 걸어오고 있었단다. 코끼리가 어찌나 가까운 곳에 있는지 풀을 뜯어 먹은 뒤 위장이 '꾸륵' 거리는 소리마저 들을 수 있었단다. 불룩한 무릎과 자글자글한 주름으로 덮인 거대한 몸집은 마치 느슨한 회색 주름옷을 걸친 것처럼 보이더구나.

   코끼리의 코는 놀라울 만큼 자유자재로 움직인단다. 코와 윗입술이 합쳐진 이 기관은 무게가 150kg 이상 나가고, 4만 개의 작고 미세하게 분리된 근육으로 움직이며, 손, 팔, 코, 흡입 펌프, 트럼펫, 스노클(물속에서 숨 쉴 때 사용하는 도구), 망치 등의 역할을 한단다. 또 열매를 딸 수도 있고, 0.5t 무게의 통나무를 들어 내던질 수도 있지.

   나를 향해 다가오는 수컷 코끼리의 넓은 등 위에는 커다란 백로 두 마리와 진드기를 잡아먹기 위해 모인 새들 세 마리가 사이좋게 앉아 있었어. 이 다섯 마리의 새들은 마치 차를 타고 출근하면서 일터로 향하는 점잖은 직장인들 같았단다.

코끼리는 마침내 몸을 돌려서 강둑으로 향해 가기 시작했어. 내가 기다리던 기회가 찾아온 것이지. 나는 영화 촬영용 카메라를 꺼내서 조립한 뒤 반쯤 몸을 구부린 채 조심스럽게 코끼리를 향해 기어갔단다. 코끼리 등에 서 있는 새들이 금방이라도 알아채고 날아갈 것 같아 두려웠지만 다행히 새들은 가만히 있었지.

긴장한 상태로 지켜보는 동안 고맙게도 코끼리는 옆쪽으로 몸을 돌려서 지금까지 보여 준 거대한 뒷다리와 궁둥이보다 훨씬 더 보기 좋은 모습을 찍게 해주었단다.

바로 그때였어! '좌르르륵' 돌아가는 카메라 소리를 코끼리가 들은 것 같더구나. 몸을 돌려서 내 얼굴을 정면으로 바라보았거든. 마치 코브라가 몸을 세우는 것처럼 코를 허공에 몇 번 휘두르기 시작했지. 마치 전파를 감지하는 레이

더 같은 역할을 하는 것 같더구나.

내가 겁을 먹고 뒤로 물러나기 시작하자 코끼리의 커다란 삼각형 귀가 앞뒤로 펄럭이기 시작했단다. 녀석은 신경질적으로 몸을 흔들더니 몸무게를 왼쪽 다리에서 오른쪽 다리로 계속 옮기면서 우스꽝스러운 춤을 추는 것 같았단다.

그러더니 공격할 것 같은 자세로 몇 차례 빠르고 짧은 스텝을 밟으며 나를 향해 전진했다가 또 갑작스레 멈추기도 하면서 구름 같은 먼지를 폴폴 일으키더구나. 마치 늙은 농부가 정원에서 닭 한 마리를 내쫓는 것 같은 모습이었지. 코끼리가 "휘이!" 하며 나를 내쫓는 것 같은 소리가 들리는 듯했단다.

녀석은 두 번째로 나를 향해 돌진을 시도했는데, 나에게 도망칠 시간을 주는 것처럼 보였어. 나는 빨리 빠져나갈 방법을 궁리하면서도 카메라로 계속 코끼리를 찍고 있었단다.

코끼리는 자기 영역을 침범당했다는 걸 그제야 깨닫고는 이젠 정말로 머리끝까지 화가 난 상태가 되었단다. 코끼리의 귀는 마치 날개처럼 활짝 펴졌고, 코는 위험 상황을 나타내는 신호로 아래로 내려가서 둥글게 뒤로 말렸으며, 나를 향해 달려오고 있었지.

하지만 다행히 코끼리가 돌진해 오는 바로 그 순간에 나는 서둘러 카약에 올라탔단다. 공포로 새파랗게 질린 나는 날듯이 빠르게 카메라를 배에 집어넣고는 동시에 노를 이용해 배를 강물로 밀어 넣었단다. 그런데 이 녀석도 같이 큰 소리로 울부짖으며 물에 뛰어드는 것이 아니겠니. 녀석은 무릎까지 차는 질퍽한 물속으로 들어오더니 커다란 머리를 마구 흔들며 코를 흔들어 대더구나.

코끼리에게서 어느 정도 떨어져 나와 안전하다는 생각이 들었을 때 장이 다가와서는 내 카메라를 집어 들고 신경질이 잔뜩 난 코끼리와 나를 한 장면 찍어 줬단다.

녀석은 잡초가 우거진 물속에서 나와 쿵쿵 소리를 내며 육중한 몸을 강둑으로 끌어올리더니, 우리가 뭘 하는지 보기 위해서인지 걷다 말고는 우리 쪽으로 몸을 돌려 쳐다봤단다.

아프리카 코끼리는 무게가 6t까지 나가고, 키는 3.5m에 이른단다. 하지만 그 덩치에도 불구하고 엄청나게 빠른 속도로 움직이지. 기록에 의하면 시속 37.5km로 달리던 코끼리도 있었단다.

만약 내가 카약에서 적어도 8m 이상 떨어져 있었더라면 살아서 배를 타지 못했을 게 분명해. 끔찍한 상상이지만 코끼리가 나를 덮쳐 와 짓밟았다면 아마 내 몸은 나뭇가지와 낙엽 아래에 흔적도 없이 잘 묻혀 버렸겠지.

코끼리가 가진 특이한 습관 중 하나는 바로 방금 죽인 적을 잘 매장해 주는 것이란다. 그 어떤 동물보다 노련하고 빨리 달리며, 또 엄청난 힘을 가졌기 때문에 많은 학자들이 아프리카 코끼리야말로 세상에서 가장 위험한 거대 동물이라고 여긴단다. 코끼리를 촬영하는 데 성공함으로 인해 난 또 한 번 '꿈의 목록'에 적은 목표 중 하나를 무사히 이루어 낼 수 있었단다.

사막이 아름다운 수단에서

내가 살던 곳을 벗어나 전혀 다른 문화와 자연이 있는 곳을 여행해 보렴.
너는 그곳에서 다양한 아름다움을 느낄 수 있을 거야.
그리고 여행이 주는 시련만큼 너의 몸과 마음이 크게 성장할 거야.

사막의 밤하늘을 꼭 한번 보렴

　우간다에서 수단 남부 지역에 이르기까지 나일 강을 탐험하면서 숱한 어려움과 위험을 몇 달 동안 겪은 후 마침내 우리는 카르툼에 도착했단다.

　카르툼은 수단의 수도로 화려한 도시란다. 나일 강의 수원지인 빅토리아 호수에서 지중해 입구까지 거리의 중간쯤에 해당하는 지점이기도 하지. 우리가 벌써 나일 강을 반이나 일주한 거란다.

　유럽에서 건너와 카르툼에서 살고 있는 이민자와 수단 공무원들은 우리를 따뜻하게 맞아 주었단다.

　굶어죽기 직전의 상태로 고된 생활을 해온 우리는 맛있는 음식을 배불리 먹고 진짜 침대에서 깨끗한 시트를 덮고 자는 것이 꿈만 같았단다. 노예선의 노예들처럼 매일 30°가 넘는 날씨에서 30~45km를 하염없이 노 저어 가지 않아도 되는 거였지. 우리에게 너무나 큰 행운이 아닐 수 없었단다.

하지만 나와 장 그리고 앙드레는 결국 다시 카약을 타기로 했단다. 그동안 우리가 이룬 꿈들을 다시 잘 마무리하기 위해서이지. 우리는 친절을 베풀어 준 사람들에게 감사의 인사를 전하고 다음 모험을 향해 하류로 노를 저어 갔단다.

머지않아 우리는 고대 왕국 누비아의 남쪽 영토에 들어섰단다. 누비아는 몇 천 년 전 이집트 사람들이 '쿠시'라고 불렀던 국가로 이집트와 더불어 무역의 교차로로 번영했던 곳이었어. 성경에는 '쿠시의 땅'이라고 나와 있는데, 인구가 적고 아프리카에서 가장 알려지지 않은 나라 중 하나란다. 그리고 모래로 완전히 뒤덮인 땅이기도 해.

어렸을 때부터 나는 사막을 여행하는 것이 꿈이었단다. 그중 수단을 탐험해 보는 것은 내 '꿈의 목록'에도 들어 있는 목표였지.

나는 소년 시절 캘리포니아의 모하비 사막의 야영 장소에서 부모님과 함께 종종 야영을 하곤 했단다. 그리고는 사막 위의 별을 바라보며 애리조나, 멕시코, 오스트레일리아, 모로코, 아프가니스탄, 중국의 고비 사막, 몽고 내륙 지방에 이르기까지 수많은 사막을 상상하며, 꼭 그곳을 가보리라 다짐하곤 했단다.

전 세계에 있는 사막들은 방치되고, 버려져 있는 땅이며, 사람들이 무시하는 곳이지만 나는 사막의 독특한 아름다움과 사막에서 사는 매혹적인 동식물들을 언제나 사랑했단다.

뙤약볕에 지쳐 목이 마르고, 배가 고파 왔지만 나는 사람이 다닌 적이 없는 수단 북부 사막 지역의 고독함과 순수함에 반해 버렸단다. 도시의 복잡함과 소음, 공해가 전혀 침범하지 않은 이런 원시적인 세계를 경험하면 내 영혼까지 깨끗해지는 기분이었지.

사막에 있다 보면 내가 어디에 있는지 공간 감각이 없어지고, 지금이 몇 시쯤 되었는지도 짐작할 수가 없게 된단다.

시간과 공간으로부터 자유롭게 된다고 할까? 마음이 탁 트이게 하는 푸른 하늘과 강 그리고 사막의 경치에 둘러싸여 카약의 노를 저어 가는 기분은 정말 뭐라고 말할 수 없이 평화로웠단다.

황금빛 사막은 가까이하기 어렵고, 어찌 보면 아무것도 없는 황량한 곳이지만 나일 강을 따라 펼쳐진 이 사막은 특별한 아름다움이 있었어. 특히 해가 막 뜬 아침 시간의 모습이나 찜통더위의 낮 시간보다 기온이 훨씬 뚝 떨어지는 시원한 저녁 그리고 밤 어스름이 내리기 전의 사막에 퍼지는 붉은 노을을 사랑한단다.

또한 별이 흩뿌려진 사막의 밤은 특별한 영감을 선사하곤 하지. 사막에는 오염 때문에 생긴 스모그로 뿌연 하늘도 없고, 별빛을 흐리게 하는 휘황찬란한 도시의 불빛도 없단다.

그저 사막의 순수한 밤공기 속에서 은하수만 찬란히 빛날 뿐이지.

나는 사막의 은하수처럼 밝게 빛나 흐르는 별들을 지금까지 결코 다른 곳에서 본 적이 없단다. 수많은 위대한 종교 지도자나 고대의 예언자들도 사막에 나와서 자신의 내적인 힘을 키웠다고 하더구나. 사막의 밤하늘을 보고 있으면 그들이 왜 사막에서 몸과 마음을 닦았는지 저절로 이해가 간단다.

우리는 누비아를 지나는 동안 노를 젓는 것을 멈추고 배에서 내려 누비아의 궁전이나 요새, 모스크 신전 등의 잔해를 둘러봤단다. 대부분 몇 백 년 전 강을 따라 양쪽 강변에 큰 마을이 존재할 때 세워진 것들이란다. 우리는 이 유적들을 각자 제각기 둘러보았어. 우리가 같이 다니

기엔 장과 앙드레, 나는 노를 젓는 속도도 다를뿐더러 유적이나 경치를 감상하는 취향도 달랐기 때문이지. 우리는 각자 다니다가 약속한 곳에서 만나기로 하고 길을 떠났단다.

오래된 폐허를 돌아다닐 때 대부분 나는 혼자였고, 사람이 사는 곳도 몇 킬로미터 밖에 있을 때가 많았어.

'나와 자칼들뿐이로군.'

나는 생각했단다. 몇 세기 전에 사람이 만든 이 유적 속에서 사람은 온데간데없고 자칼 몇 마리가 어슬렁거리며 돌아다니는 모습이 눈에 띄었지.

자칼을 보면 어린 시절에 여름마다 가서 목부로 일했던 로얄 삼촌네 아이다호 목장에서 본 코요테가 생각난단다.

나는 비록 새벽부터 황혼까지 혼자였지만 외롭지는 않았어. 사막에선 신이 내 옆에 있다는 안락함을 느끼곤 했으니까. 나처럼 떠돌아다니는 자칼도 있고 말이야.

상상하는 것만으로 두려움을 이길 수 있단다

해가 뜨면 매일 아침 나는 카약을 밀고 하류를 향해 길을 나섰단다. 그러면 나의 두 친구는 바로 뒤에서 따라왔지. 몇 분 내로 우리는 서로 자기 길을 가기 시작하고, 배의 대형은 점점 흩어져서 탐험하는 동안 내내 선두에는 내가 섰고, 앙드레는 2~3km 뒤에, 장은 항상 마지막에 서곤 했었지. 마치 각각 다른 세 팀의 남자들이 나일 강 여행을 각자 따로 하는 것 같다고나 할까.

해가 지면 나는 어느 한쪽 강변에 상륙하여 야영을 준비하고 친구들이 찾아올 수 있도록 모닥불을 피웠단다. 가볍게 식사를 하고 난 뒤 각자가 낮 동안에 무엇을 보고 경험했는지 이야기하고, 곧장 침낭 안에 쓰러져서 자는 것이 우리들의 하루 일과였지. 그리고 다음날 아침이 밝으면 다시 하류 쪽으로 여행을 계속했단다.

어느 날 나는 일행보다 훨씬 앞서 가다가 보기 드물게 세찬 물결을 만났단다. 강 위에 있는 큰 바위에 혼자 앉아서 귓전을 때리는 우레 같은 소리를 들으며, 발아래로 흐르는 물살이 뒤틀리고 휘돌아 나가는 것을 바라보면서, 이렇게 위험한 물살을 어떻게 헤치고 나아가나 하는 걱정을 하고 있었지.

그때 불현듯 떠오르는 기억이 있었단다. 나일 강을 따라 여행하면서 지나쳤던 에데닉 마을에 대한 기억이었어. 그곳은 수단에 있는 작고 깨끗한 마을인데, 향기로운 나팔꽃과 담쟁이 넝쿨로 뒤덮인 초록색의 기름진 땅이었단다.

어도비 벽돌(중동이나 미국 남서부의 흙벽돌)로 지어진 오두막집 근처에는 잘 정비된 수로를 갖춘 채소밭이 있고, 과일이 주렁주렁 열린 커다란 대추나무 그늘 아래에는 비둘기가 날개를 퍼덕이거나 암컷과 수컷이 구구 소리를 내며 사랑을 속삭이고 있었지.

평화롭게 흘러가는 나일 강의 수면 위에는 작은 화강암

섬들이 여기저기 떠 있고, 각종 식물과 풍성한 갈대가 그 섬들을 뒤덮고 있으며, 순백색의 모래톱으로 둘러싸인 강변에는 오리와 거위 떼가 쉬고 있었단다.

기억이 너무나 생생하게 떠올라서 마치 나 자신이 그곳으로 되돌아간 것 같더구나. 상상 속에서 마을 주민들은 나를 따뜻하게 맞아 주었고, 나는 그들의 검은 피부가 흰 치아와 흰 옷과 선명한 대조를 이루는 것에 또다시 감탄하고 있었단다.

나는 곧 상상을 떨쳐 버리고 세찬 물살과 마주하고 있는 현실로 돌아왔단다. 누구한테 데려다 달라고 부탁할 수도 없었지. 부서질 것만 같은 카약을 타고 이곳을 내가 직접 헤치고 빠져나가는 수밖에.

그렇게 마음먹은 나는 급류가 어느 정도 길이나 되는지 알아보기 위해 뜨거운 모래 위를 터벅터벅 걸어가면서 눈짐작으로 가늠해 보았단다. 가장 안전한 물길이 어느 쪽인지 살피며 수첩에 그려 가면서 말이야. 만약 잘못된 물길로 빠져 든다면 이 길고 세찬 물살에 빠져서 살아난 확률은 아주 희박했단다.

물길을 기억하기 위해 되짚어 보던 나는 '전구에 불이 켜지듯' 어떤 기발한 방법이 생각났단다. 불현듯 에데닉 마을이 내 눈앞에 세세하게 떠올랐듯이 내가 가야 할 물길도 가만히 눈을 감고 있으면 또렷하게 기억날 거라는 생각이 들었던 거야.

놀랍게도 그 생각은 맞아떨어졌단다. 나는 내 마음을 스크린 삼아 급류가 흘러가는 영화를 상영해 보려고 애를 썼단다. 그러자 열심히 노를 저으면서 아까 살펴봤던 물길대로 안전하게 물살을 타고 내려가는 내 자신이 눈앞에 떠오르는 것이 아니겠니! 한마디로 말해서 실제로 급류를 타보기 전에 마음속에서 정확하게 예행연습을 해본 거라 할 수 있었어. 도중에 배가 뒤집혔을 경우 내가 즉각 취해야 할 응급 절차까지 보였단다. 신기할 따름이었지.

마음속에 계획을 단단히 세운 나는 카약 안으로 기어 들어가서 세차게 흐르는 물살 속으로 배를 밀면서 재빨리 올라탔단다. 그리고 바위투성이의 물길을 따라 지그재그 모양으로 내려가기 시작했지. 나의 기술과 집중력을 모두 동원하여 노를 열심히 그리고 최대한 빨리 저었어. 그 결과 마음속에서 상상해 본 예행연습처럼 위험해 보이는 거친 물살에 휩쓸린다거나 강 전체에 흩어져 있는 암초와 부딪히는 일은 일어나지 않았단다. 한두 번의 위기를 무사히 넘기고 나는 스릴 넘치는 항해를 성공적으로 마칠 수 있었어.

급류를 무사히 빠져나온 나는 이 일을 계기로 어떤 중요한 일이 있을 때 눈을 감고 미리 마음속으로 예행연습을 해 보곤 한단다. 신기하게도 이렇게 하고 나면 어떤 일을 실행할 때 실수가 줄어들고 마음속에서 행한 것처럼 고스란히 이루어질 때가 많았어.

무엇이든지 조급하게 굴지 말고 천천히 마음의 준비를 하는 것이 좋다는 건 누구나 인정하는 사실이란다.

너도 그런 연습을 한번 해보렴. 너의 꿈을 이룰 때 많은 도움이 된다는 걸 금방 알 수 있을 거야.

예를 들어 너의 '꿈의 목록' 중에 많은 사람들 앞에서 떨지 않고 노래하는 것이 목표로 들어가 있다면 우선 눈을 감고 마음속으로 네 앞에 있는 수많은 사람들을 상상해 보렴. 사람들이 박수를 치고 너는 무대에 등장하지. 넌 전혀 떨지 않고 있어. 오히려 아무도 없는 들판에 혼자 서 있는 것 같은 감정을 느끼지. 넌 곧 아무렇지도 않게 편안하게 손을 모아 노래를 부르기 시작해. 그리고 네가 눈을 떴을 땐 환하게 웃고 있는 사람들이 널 칭찬하기 시작한단다.

어떠니? 이런 상상을 해보고 난 뒤라면 전혀 떨지 않고 사람들 앞에서 노래를 부를 수 있을 것 같지 않니?

사막은 때로 끔찍하기도 하단다

나는 카약을 멈추고 다리 운동도 할 겸 근처 선사 시대

유적이라든지 다른 어떤 조사할 만한 것이 있는지 알고 싶어 강둑에 올라섰단다.

강둑 위에 올라가서 쌍안경으로 둘러보니, 1.5km 되는 거리에 사암이 울퉁불퉁한 모양을 이루고 있는 곳이 보이더구나. 기온이 섭씨 35°정도밖에 안 되었기 때문에 (누비아에서는 시원한 날씨란다.) 나는 그 돌무더기를 재빨리 탐사하고 돌아오기로 결심했단다. 벽에 새겨진 고대의 암각화 같은 것을 찾길 바라면서 말이야.

며칠 전에 한 수단 친구가 나를 바위 언덕이 있는 사막으로 데리고 간 적이 있었단다. 그 친구는 잘 보존된 고대의 암각화를 무더기로 보여 주었지. 그 암각화는 오래전부터 여행객들이 끊임없이 이곳을 지나쳐 왔음을 상징하는 것이었단다.

사자, 기린, 타조, 버펄로, 영양 등을 그린 원시 시대의 암각화도 있었어. 사하라 동부 지역에도 숲이 우거지고 동물들이 살았던 시절이 있었는데, 이 그림들은 석기 시대의 사냥꾼들이 새겨 놓은 것이란다. 암각화에는 고대 이집트의 상형문자도 있었는데, 그리스어, 메로에 문자(아프리카 고대 국가인 쿠시 왕국에서 사용하던 문자), 기독교의 십자가 문양 등도 있었단다. 가장 최근에 새긴 것은 아랍어인데 16세기 무렵으로 거슬러 올라간단다.

나는 평상시처럼 카키색 짧은 바지와 셔츠를 입고 챙이 넓은 오스트레일리아 부시맨 모자를 쓰고 캔버스 천으로 만든 수통만을 들고, 동식물이 거의 살지 않는 광활한 사하라 사막에서 가장 뜨거운 곳으로 산책을 시작했단다.

세계에서 가장 넓은 사막인 사하라 사막은 나일 강으로부터 아프리카 전역에 걸쳐 대서양까지 이른단다. 오래전에 아랍 상인은 사하라 사막을 '신의 모루(모루는 대장간에서 쇠를 올려놓고 두드리는 받침대이다. 그만큼 뜨겁다는 의미)'라고 불렀지. 그들은 사하라 사막이 알라 신의 창조물이라 여겼다는구나. 사람들이 이 무시무시한 사막을 횡단함으로써 강인한 성격으로 단련시키기 위해 사하라를 창조했다는 거야.

몹시 뜨거운 모래 위를 지나 돌무더기까지 터벅터벅 걸어가자 내 머리는 마치 뜨거운 냄비처럼 느껴졌단다. 바위 그늘 아래에서 수통의 물을 몇 모금 마시며 쉬고 나니 몸이 좀 괜찮아지더구나.

그런데 근처 지형을 주의 깊게 조사했음에도 이전에 이곳에 사람이 지나친 흔적이라고는 찾아볼 수가 없었단다. 흔적이 있었다고 해도 수만 년 동안 이곳에 불었을 강력한 모래 바람에 아마도 다 지워졌겠지.

마지막 남은 물을 게걸스럽게 다 마시고 나서 나는 카약으로 돌아가려고 길을 나서기 시작했어. 이글이글 열기가 올라오는 사막을 보면서 내가 강에서 얼마나 멀리 왔는지 생각한 순간 갑자기 불안해졌기 때문이지.

오래지 않아 무거운 펠트 천으로 만든 모자 아래로 소금기 있는 뜨거운 땀이 빗물처럼 얼굴로 흘러내리기 시작했지만 나일 강은 좀처럼 보이지 않았어. 강을 떠난 지 몇 시간이 지났고, 짐승 같은 태양은 구름 한 점 없는 하늘에 높이 떠 있었지. 시간이 더 지나자 갑자기 기운이 빠지고 구역질이 나기 시작했단다. 숨을 들이마실 때마다 폐에 불이 붙은 것처럼 느껴졌어.

카키색 셔츠는 너무 뜨겁고 불편해서 벗어 버리고 싶었지만 그랬다가는 상황이 더 나빠질 뿐이라는 사실을 나는 알고 있었지. 게다가 두꺼운 밑창을 덧댄 사파리 신발을 신었지만 발바닥은 뜨거운 모래 때문에 데인 것처럼 너무 아팠단다.

방향 감각을 잃고 어디로 가야 할지 알 수 없어진 나는 비틀거리면서 다시 걷기 시작했지만 언제 강에 도착하게 될지 몰라 두려운 마음뿐이었단다. 그 거대한 강이 사람 마음을 애타게 하면서 숨어 버렸다는 사실이 믿기지 않았어. 30분이 더 흐르자 내 몸에서는 이제 더 이상 땀이 나지 않았단다. 내 몸이 체내의 수분을 빼앗기지 않기 위해 내린 마지막 조치였지. 태양 볕

은 이글이글
불타는 대지에
반사되어 두 배로
더 강해진 것만 같았
단다.
  '이거 머리가 익어 버릴 정도로
뜨겁군!'
  강에서는 더위로 지칠 때마다 커다란
모자에 물을 가득 채워서 머리에 뒤집어
쓰면 잠시나마 시원했단다. 끔찍하게 더
운 오후에는 물속에 뛰어들어 카약을 밧줄
에 묶어 끌고 가기도 했지. 그러면 일석이조로 더위를 피하
기도 하고 다리 운동도 되는 셈이었어.
  하지만 사막에는 태양으로부터 고통을 피할 방법이라
고는 찾아볼 수가 없었어. 나는 이 위험을 자초한 나 자신

에게 못 견디게 화가 났단다.

'강을 떠나 이 위험한 사막으로 산책을 나오다니, 너무 무모했어.'

물도 충분히 가져오지 않았고, 몇 주 동안 더위에 충분히 적응했다고 해도 다시 강으로 돌아가는 길을 너무 쉽게 생각했던 거란다.

용기를 내려면 희망을 잃지 말길

나는 절망에 빠져서 모든 판단력을 잃어버린 채 어찌할 바를 몰랐단다. 세상은 너무 조용했고, 태양이 이글거리는 사막에서 눈에 보이는 것이라곤 커스터드 크림색의 노란 모래 언덕과 바람에 깎인 바위들뿐이었단다.

때때로 사막에서 볼 수 있는 낙타나 독수리, 식물 이파리조차 하나 없었지. 유일하게 '악마의 모래'라고 불리는 모래 바람만이 불고 있었단다. 이슬람교도들은 이 바람을

'지니'라고 불렀는데, 초자연적 영령 같은 것이라고 생각했단다.

내겐 전혀 도움이 되지 않는 이야기지만 갑자기 19세기에 사막에서 일어났던 끔찍한 참사가 떠올랐단다. 당시 2,000명의 남자와 1,800마리의 낙타로 구성된 상인 무리가 사하라 사막에서 물 부족 때문에 모조리 죽었다는 이야기란다. 전에 있던 우물과 오아시스가 모두 말라 버렸기 때문이었지.

나는 정말이지 미칠 것 같았어. 몇 분 내로 물을 만나지 못하면 죽을 거라는 걸 분명하게 알 수 있었단다. 나의 머리는 열로 펄펄 끓으면서 심한 두통으로 욱신거렸고, 눈앞도 가물거려 왔어. 내 몸은 열에 바싹 마른 미라가 되어 정박해 놓은 카약에서 아주 가까운 거리에 놓여 있는데, 그런 나를 친구들이 찾아 헤매는 상상이 절로 들었단다.

하지만 내가 누구니? 꿈을 이루기 위해 안 해 본 것이 없는 존 아저씨란다. 나는 자꾸만 희미해지는 정신을 부여

잡고 방향감각을 찾으려고 노력했단다. 그때였어!

"끼룩끼룩"

이 소리는 분명 새가 우는 소리였어. 내 귀가 상상할 수 있는 소리 중에 가장 환희에 찬 소리였단다. 그날 하루 동안에 처음으로 만난 살아 있는 생명체의 소리였으니까.

갈색과 흰색의 작은 물떼새 한 마리가 신의 섭리에 따라 나타난 듯 이 중요한 시점에 아주 잠시 동안 내 눈앞에 나타난 거란다. 그 새는 30m가 채 안 되는 곳을 날고 있다가 모래 언덕 아래로 날아 내려가더니 곧 사라졌단다.

이 광경이 얼마나 중요한 사실을 숨기고 있는지 열에 들

뜬 내 머리로 한참 생각해야 했지.

'그래 물이야! 물!'

'물떼새는 사막에 사는 새가 아니야.'

'이 새는 언제나 물가에서 살고 평생 바닷가나, 호수, 강에서 산다!'

새로운 에너지가 용솟음쳤단다. 나는 비틀거리면서 모래 언덕을 향해 걸어갔지. 흩어지는 모래 더미 위를 기어올라 꼭대기까지 갔어. 바로 그때 내 아래 펼쳐진 광경을 너도 봤어야 하는데! 내 눈앞에서 푸르른 나일 강이 평화롭게 흐르고 있지 뭐겠니! 나는 온몸이 떨려 왔단다.

나는 모래 더미에 쓰러져서 모자를 꽉 붙잡고 미끄러져 내려갔어. 마음은 이미 편해진 상태여서 미끄러지고 넘어지고 굴러도 하나도 아프지 않았지. 차가운 물에 머리부터 빠지는 순간 불타오른 내 몸에서 아마도 김이 날 거라고 생각하며, 나는 게걸스럽게 물을 들이키기 시작했단다. 물이 그렇게 맛나게 느껴진 적은 처음이었지!

행복하게 물을 양껏 마시고 나서 (눈으로는 악어가 숨어 있는지 계속 살피면서) 체온이 점점 낮아지는 걸 느꼈단다. 하지만 내 몸은 완전히 기운이 없어진지라 두 발로 다시 서는 것도 쉽지 않았단다.

남은 힘을 끌어 모아 절뚝거리면서 카약이 있는 곳까지 가까스로 가서는 배에 올라탔지. 나는 숨도 제대로 쉴 수 없는 상태여서 그저 부드럽게 흘러가는 강물을 따라 떠가는 거 외에 다른 것은 아무것도 할 수가 없었단다. 하지만 나는 그 누구보다 행복했단다. 열사병으로 거의 죽을 뻔한 위기를 극복해 냈기 때문이지.

나는 속으로 구세주같이 나타난 물떼새에게 축복을 빌어 주었어. 너무 늦게 나타나 주긴 했지만 난 물떼새를 보자 희망을 가질 수 있었단다. 나의 목숨을 살려 준 고마운 새이지.

사람은 살면서 위기의 순간을 만나기 마련이란다. 살면서 위기와 맞닥뜨리지 않는 사람은, 장담하지만 아무도 없단다. 너에게도 꿈을 이루기 위해서 언젠가는 목숨을 걸 만큼 절박하고 위험한 순간을 극복해야 할 때가 있을 거야. 하지만 이것만은 꼭 알아 두렴.

"꿈을 이루기 위해서는 용기가 필요하고, 용기를 얻기 위해서는 희망을 잃지 않아야 한다."

신비로운 피라미드의 나라
이집트에서

보고 싶은 것이 있다면 발걸음을 떼야 한단다.
사진이나 그림을 통해서 보던 신비로운 나라 이집트의 전경을
나는 실제로 피라미드에 올라 둘러볼 수 있었어.
그 경험은 어느 것과도 바꿀 수 없는 값진 것이었어.

피라미드 꼭대기에 올라가 보고 싶지 않니?

카이로는 이집트의 수도이자 아프리카에서 가장 큰 대도시란다. 이 도시는 천 년 전에 세워졌지만 세계에서 가장 번화한 도시이자 역사적으로 뜻 깊은 유적을 많이 가지고 있는 도시이지.

나일 강에서 일주를 하는 동안 알다시피 나는 '꿈의 목록'에 써 넣었던 몇 가지 인생 목표를 달성할 수 있었단다. 그중에는 4,600년 된 쿠푸 왕의 거대한 피라미드에 올라가 보는 것도 포함되어 있지.

쿠푸 왕의 피라미드는 세계 7대 불가사의 건축물 중 하나란다. 인간이 만들어 낸 경이로운 이 건축물은 230만 개라는 어마어마한 수의 석회암 벽돌로 지어졌는데, 벽돌 한 장의 무게는 2.5t이나 나간단다. 총 210층으로 쌓아 올려졌는데 이것은 40층 건물 높이와 같다고 하는구나. 오래전에 이와 같은 건축물을 세웠다는 것은 정말 놀라운 일이 아닐 수가 없단다. 인간이 만들어 낸 걸작이라고 할 수 있지!

스핑크스의 수수께끼를 풀어 보렴

나는 쿠푸 왕 피라미드의 정상에 올라가서 이국적인 나라 이집트를, 마치 파노라마가 펼쳐지듯, 한눈에 볼 수 있었단다. 황량한 베이지 색 사막, 그중 짙은 녹색으로 빛나는 사막의 생명줄 나일 강 그리고 그 강에 닿아 있는 기름진 농경지, 그늘을 드리운 우아한 야자수 등이 카이로라는 복잡한 대도시와 아주 멋지게 대조를 이루고 있었단다.

그 유명한 스핑크스도 볼 수 있었어. 스핑크스는 자연석으로 조각한 것인데, 머리는 사람이고 몸은 사자 모양으로 되어 있단다.

스핑크스는 이집트, 시리아, 페니키아, 바빌로니아, 페르시아, 그리스 등 고대 도시에서 널리 알려진 전설 속의 동물이란다. 원래는 사자를 숭배하는 마음에서 비롯되었는데, 무덤이나 신전을 지키도록 세워졌다고 하더구나.

스핑크스에 대해 흥미로운 전설 하나가 있지. '스핑크스의 수수께끼'라는 이야기를 들어본 적이 있니? 스핑크스는 테베의 바위산 부근에 살면서 지나가는 사람에게 "아침에는 네 다리로, 낮에는 두 다리로, 밤에는 세 다리로 걷는 짐승이 무엇이냐?"라고 수수께끼를 냈단다. 그 수수께끼를 풀지 못하는 사람은 스핑크스에게 그만 잡아먹히고 말았지. 그런데 이 어려운 문제의 답을 명쾌하게 맞힌 사람이 있었어. 바로 그리스 신화에 나오는 테베의 왕 라이오스와 이오카스테의 아들인 오이디푸스란다. 오이디푸스는 다음과 같이 답했다고 해.

"그것은 사람입니다! 사람은 어렸을 땐 팔과 다리, 즉 네 다리로 기어 다니고, 곧 자라서 두 발로 걷고, 늙어 힘이 없어지면 지팡이를 짚는데, 세 다리로 걷는 것과 마찬가지입니다."

오이디푸스의 현명한 대답에 스핑크스는 물속에 몸을 던져 죽었다고 하는구나.

전설 속의 스핑크스를 이렇게 실제로 보다니, 정말 감동적이었단다. 게다가 또 하나의 꿈을 이룬 순간이었지.

사람들은 대부분 자신이 보고 싶은 것들을 머릿속으로만 그리워하다가 생을 마감한단다. 그러나 난 실천에 옮겼어. 보고 싶은 것이 있다면 발걸음을 떼야 한단다. 가만히 기다린다고 해결되는 것은 아무것도 없지.

난 몇 달 간 계속된 나일 강 탐험을 통해 이미 내 '꿈의 목록' 중 반 이상의 목표를 이룬 것 같은 느낌이 들었단다. 카약을 탔고, 나일 강 전체를 일주했으며, 야생동물을 만났고, 그 동물을 촬영해서 기록을 남겼지.

그리고 아프리카 원주민들과 대화를 나눴고, 그들과 함께 생활도 해보았단다. 사막도 여행했고, 죽을 고비도 넘겼지. 그리고 피라미드와 스핑크스도 보았어.

수많은 '꿈의 목록' 중 극히 일부분을 이루었지만 내가 얻게 된 용기와 자신감, 여행을 통해 만난 사람들에 대한 사랑과 믿음 등은 앞으로 내가 이룰 많은 꿈들에 크나큰 힘이 된다는 걸 확신했단다. 그러니 '꿈의 목록' 중 반 이상을 이미 이룬 것 같은 기분이 드는 게 당연한 거야.

콜로라도 강 대탐험

네가 존경하는 사람은 누구니?
그 사람의 일생을 통해 네가 배울 수 있는 것들이 뭔지 곰곰이 생각해 보렴.
아마 새로운 꿈과 또다시 만날 수 있을 것 같구나.

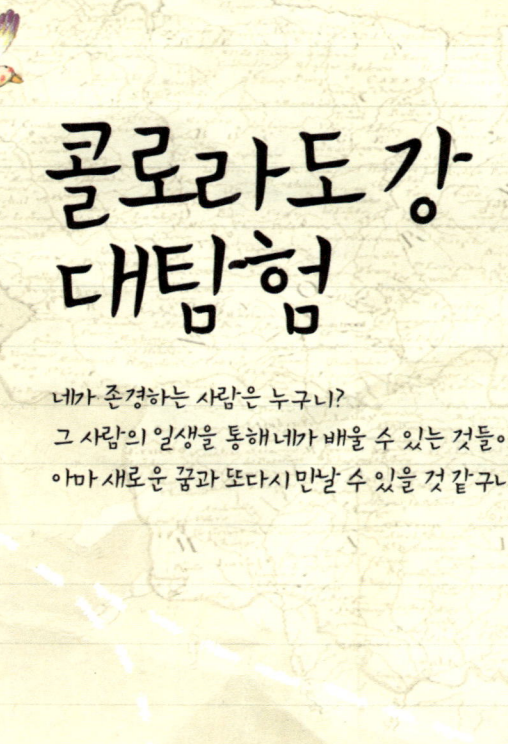

내가 존경하는 탐험가를 소개할게

　탐험가는 나의 첫 번째 꿈이자 마지막 꿈이란다. 평생 동안 탐험을 꿈꿨고, 준비해 왔으며, 실천했단다. 나는 어렸을 적에 탐험에 관한 책들을 많이 읽었어. 그중에 위대한 탐험가의 전기도 있었지. 그들의 일생을 읽고 있노라면 시간 가는 줄 몰랐단다.

　내가 읽은 전기의 탐험가 중 몇 명은 나의 영웅이 되었단다. 마르코 폴로, 프랜시스 드레이크 경, 제임스 쿡 선장, 루이스와 클락 그리고 아프리카 탐험의 모범이 되었던 헨리 모튼 스탠리와 리빙스턴 박사 등이 평생 내가 존경해 온 인물들이지.

　이들은 아무도 하지 않은 그리고 하려고 하지 않는 일을 서슴지 않고 해낸 사람들이란다. 주변에서 불가능하다며 모두 말렸지만 이들 한 사람 한 사람은 도전을 두려워하지 않았단다.

호전적인 문화를 가진 원시부족들이 사는 곳에서부터 야생동물이 사는 험난한 곳에 이르기까지 온갖 위험을 무릅쓰고, 견디기 어려운 추위와 더위 그리고 질병과 맞서 싸우면서 미지의 세계로 과감히 뛰어들은 것이지.

19세기 미국 탐험가 중 루이스와 클락 이외에 눈에 띄는 사람이 하나 더 있었단다. 그는 남북전쟁 중 벌어진 전투에서 저격수에게 총을 맞아 오른쪽 팔을 잃은 전직 장교 파웰 소령이란다.

전쟁이 끝난 후 파웰 소령은 일급 측량 기사이자 지리학자, 민족학자가 되었단다. 그의 많은 업적 가운데 특히 내가 깊은 관심을 가지고 부러워한 업적은 그랜드 캐니언을 탐험한 일이란다.

1869년, 팔이 하나밖에 없었지만 파웰 소령은 아홉 명의 남자로 이루어진 팀을 이끌고 네 척의 나무배로 지도에도 나오지 않는 콜로라도 강과 그린 강을 탐사했단다. 그 여정 중에 그곳에 사는 인디언조차 본 적이 없다는 장소를 통과하게 되는데, 그곳이 지도에도 없는 그랜드 캐니언이었어.

그곳에서 파웰 소령과 그의 일행은 앞에 뭐가 나타날지도 전혀 모른 채 아주 험한 급류를 타게 된단다. 파웰 소령이 그 장소를 '그랜드 캐니언(위대한 협곡)'이라고 부른 것처럼 나도 하루빨리 그 '위대한 미지의 세계'를 탐험하고 싶더구나. 나는 이것도 열다섯 살에 작성한 '꿈의 목록' 네 번째 줄에 적어 넣었단다.

하루라도 빨리 이 꿈을 이루고 싶었지만 나는 다른 목표부터 먼저 성취해야 했지. 15연대 공군에서 조종사로 병역의 의무를 마쳤고, 캐나다와 미네소타의 교회에서 봉사를 했으며, 남캘리포니아 대학을 졸업했단다. 그리고 상선에서 선원으로 근무했으며, 멕시코와 중앙아메리카 촬영 탐험을 다녀왔지.

내 일생일대의 목표인 나일 강 탐험 하나만 해도 10개월이 걸렸단다. 나는 이처럼 다른 꿈부터 차근차근 달성해

왔기 때문에 그랜드 캐니언의 대협곡인 콜로라도 강이 전혀 무섭지 않았단다.

위대한 콜로라도 강이여!

마침내 콜로라도 강 탐험의 꿈을 이룰 때가 왔단다. 이때 목표는 처음보다 더 원대하게 커져 있었지. 콜로라도 강에 대한 다큐멘터리 영화를 제작할 예정이었는데, 로키 산맥에 있는 발원지에서 멕시코까지 약 2,300km를 일주할 예정이었단다.

나는 고무로 만든 래프팅 배에 탈착식 모터를 부착한 유람용 모터보트를 타고 콜로라도 강의 여러 지류와 거대한 호수를 여행할 크나큰 계획을 세운 거란다.

다큐멘터리 영화의 질을 높이기 위해서는 땅 위의 풍경과 함께 강과 주변 지역을 위에서 내려다보며 공중에서 촬영한 화면도 추가해야 했지. 다행히도 비행기를 구하는 문제는 강연을 다니다가 순식간에 해결되었단다.

아이다호의 보이시를 지나다가 나는 친구 월트 블레이록이 생각났단다. 그 친구는 근처 트윈 폴스에 살았는데, 말씨가 부드럽고 성격이 느긋했지. 사진작가인데 모험을 좋아했고 비행기 타는 것도 아주 좋아했어. 여러모로 나와 관심거리가 비슷한 친구였단다.

월트에게 내 계획을 설명하자 그는 그 모험에 즉시 관심을 보였단다. 월트는 경비행기 한 대를 소유하고 있었는데 그랜드 캐니언 촬영에 적극 동참하겠다고 하며 어린애처럼 좋아했어. 내게는 정말이지 기쁜 소식이었지.

나는 집으로 돌아와 열심히 탐험에 관한 자세한 일정을 잡았단다. 그랜드 캐니언을 통과하는 3주짜리 래프팅 여행을 위한 예약도 했지. 드디어 항공 촬영이 시작되었어.

월트와 나는 그의 단발 알루미늄 카세나 경비행기에 짐을 싣고, 탱크에는 연료를 그리고 머리에는 계획을 가득 채웠단다. 그림같이 맑고 구름 한 점 없는 좋은 날씨였단다.

드디어 나침반을 그랜비 호수를 향해 놓고 비행기는 이륙했단다. 그랜비 호수는 트윈 폴스에서 720km 거리에 있는데, 이곳은 콜로라도 강이 시작되는 곳이기도 해. 콜로라도 주 북부 중심부에 있는 두 개의 지류 중 하나의 상류에 해당된단다.

자세하게 나와 있는 지도를 들고 우리는 지면에 가까이 날면서 근접 비행을 즐겼단다. 날씨도 좋아서 육안으로 땅 위의 풍경을 확인하기가 쉬웠지.

정오가 되자 약한 역풍이 불어오긴 했지만 그랜비 호수는 뚜렷하게 우리 눈에 들어왔단다. 길이가 12km 정도 되는 곤봉처럼 생긴 호수란다. 로키 산맥에서 내려온 눈 녹은 물과 계곡물로 생성되었지.

나는 16mm 카메라로 촬영을 시작했어. 수면 가까이 갈수록 눈앞에 펼쳐진 풍경은 정말 환상적이더구나. 이제까

지 늘 상상 속에서만 물 위를 날았는데, 실제로 그 풍경을 보게 되다니 믿을 수가 없었지.

잔잔한 강물에선 가끔 송어가 물 밖으로 튀어 오르기도 했는데, 그 모습이 햇빛에 반사되어 환하게 빛나더구나. 정말 생명력이 넘치는 모습이었단다. 저절로 마음속에서 이런 말이 외쳐졌지.

'위대한 콜로라도 강이여!'

정말이지 내게는 감격스런 순간이었어. 콜로라도 강 전체를 일주하겠다는 내 어린 시절의 꿈이 이루어지기 시작하는 순간이었으니까!

그랜드 캐니언의 급류는 날 강하게 한단다

월트와 나는 북부 애리조나 주에 있는 '레드 록 캐니언'에서 다시 만났단다. 이 지역은 그랜드 캐니언을 관통하는 래프팅 여행의 출발점이란다. 갈색 물결로 세차게 흐르는 콜로라도 강에 자리하고 있지.

우리는 이곳에서 네바다 주에 있는 미드 호수까지 465km에 이르는 그랜드 캐니언 대탐험을 계획하고 있었어. 같이 동행할 사람은 모두 열두 명이었는데, 여덟 명은 남자, 네 명은 여자였단다. 우리는 2.4m 길이의 노란색 노가 8개 있는 검정색 합성고무로 만든 공기주입식 배를 얕은 강물에 띄웠어. 배가 너무 작아 보여 모두들 걱정을 하였지만 아프리카 나일 강을 작은 카약 하나로 일주한 내가 아니겠니? 난 용기를 내며 일행을 격려했단다.

배를 띄우기 위한 준비가 다 끝나자 래프팅 안내인은 우리에게 구명조끼를 하나씩 나눠 주고는 단호하게 말하더구나.

"구명조끼를 안 입으면 래프팅 배에 탈 수 없습니다!"

우리는 그 말을 듣자마자 서둘러 구명조끼를 입기 시작했단다. 나는 수영을 꽤 잘하는 편이지만 그래도 만일의 사태에 대비하려면 철저히 장비를 챙기고 준비를 해야 한다는 것을 알고 있단다. 래프팅으로 그랜드 캐니언을 일주하겠다는 나의 꿈은 이렇게 많은 준비가 필요했지.

'꿈의 목록' 중 우선순위를 차지했던 목표를 이루기 위해 마침내 한 발을 내딛는다는 사실에 나는 감개무량했단다. 앞쪽을 향해 앉은 안내인이 선두의 래프팅 배에서 노를 잡았고, 매력적인 젊은 아가씨 옆에 앉게 된 월트는 배 뒷부분에 앉아 싱글벙글 웃고 있었지. 나는 강의 풍경이 잘 보이는 뱃머리에 앉았단다.

우리는 거센 물살을 타고 빠르게 흘러갔어. 노를 젓는

소리만이 정적을 깰 뿐이었지. 6km 정도 아래로 내려가자 약 100m 상공에 철제로 만들어진 나바호 다리가 머리 위에서 빛나고 있더구나. 이 다리는 그랜드 캐니언을 건너는 마지막 다리란다. 이 다리를 마지막으로 앞으로 140km를 가는 동안 우리는 인간이 만든 건축물을 볼 수 없었단다.

다리를 지나자 물살이 점점 세지면서 협곡이 좁아지더구나. 600m 정도의 높이로 울퉁불퉁하게 솟은 절벽이 물을 가두었기 때문에 갑자기 물살이 세진 것이란다. 절벽은 이암과 사암 그리고 석회암으로 이루어져서 태양빛에 그을려 붉은색을 띠고 있었단다. 거센 물살 때문에 노를 저어도 소용이 없어서 우리는 물길을 따라 흘러가면서 조용히 높이 솟은 절벽의 그늘과 햇볕의 장난을 즐겼지. 열기가 느껴지는 바람 속에서 쑥 향이 배어 있는 것 같았단다. 그 냄새를 맡자 나는 꿈을 꾸는 것 같았지. 열다섯 살 때 처음 만난 콜로라도 강이 저절로 떠오르더구나.

열다섯 살 되던 어느 여름날의 일이었지. 구불구불한 브라이트 엔젤 등산로를 따라 그랜드 캐니언 정상에서 아래까지 12km 가량을 걸어서 내려온 적이 있었어. 그때 난 언젠가 탐험할 계획으로 '꿈의 목록'에 적어 놓은 콜로라도 강을 처음으로 가까이에서 보게 된 것이란다.

콜로라도 강을 바로 옆에서 실제로 바라보게 되었을 때의 느낌이 아직도 생생하구나. 온몸에 전기가 통하는 듯했단다. 나는 내 앞에 펼쳐진 콜로라도 강이 풍성한 갈색의 물결을 만들며 흘러가는 것을 무언가에 홀린 듯 바라보았단다. 이 광경은 내게 다음과 같이 속삭이는 것 같았어.

"세상을 뒤에 남겨 두고 강과 함께 계속 흘러가 바다까지 가자!"

상상만 해도 멋진 모험이 될 것 같았지.

"강이 어떤지 알아봐야 하니 다음에 나오는 강가에 내려서 정찰하겠습니다."

안내인이 외치는 소리에 옛 기억에서 깨어나 보니 우리는 여행의 첫 번째 급류에 도달해 있었단다. 그랜드 캐니언의 대다수 급류와 마찬가지로 좁은 협곡으로 물이 쏟아져 들어가면서 바닥을 깎아 내어 물길을 만들고 수백 톤의 돌덩이를 강에 쏟아 놓은 곳이었어. 이곳에서 콜로라도 강은 하얀 물거품을 일으키며 높이 날뛰는 파도의 도가니로 돌변한단다.

안내인 조지와 나만 빼고 우리 일행 중 급류 타기를 해본 사람은 아무도 없었어. 모두들 낙폭이 4.5m나 되는 7등급 급류(10등급 급류가 가장 높음)를 보고 겁에 질려 버리더구나.

나는 급류타기를 여러 번 해봤지만 또다시 그 위력에 마음이 떨려 왔단다. 하지만 다른 많은 사람들도 그랜드 캐니언의 급류를 무사히 지났다는 사실을 떠올리며 마음을 진정시켰단다. 게다가 나일 강처럼 도중에 사나운 악어나 하마가 도사리고 있는 것도 아니었으니까.

급류에는 여러 가지 크기의 돌덩이들도 많았단다. 우리는 그 돌을 피하느라 바짝 긴장을 할 수밖에 없었지. 거대하게 솟구치는 물결이 휘몰아치는 모습은 금방이라도 우리를 삼키려 드는 악마같이 보였단다. 우리는 물을 흠뻑 뒤집어썼지만 열심히 커다란 바위들을 피해 노를 저었단다.

다시 대자연의 품으로

얼마 뒤 우리는 급류에서 빠져나와 잔잔한 물가에 다다를 수 있었단다. 기쁨에 가득 찬 우리는 환호성을 질렀지.

"하나는 이제 지나갔고 앞으로 160개 급류만 더 타면 돼!"

누군가가 웃으면서 소리치더구나. 모두들 쓴웃음을 지었지만 이제는 자신감을 얻은 표정이었지.

우리는 그날 저녁 야영을 하면서 칠리빈(매콤한 소스에 강낭콩을 조려 먹는 음식)과 빵으로 저녁식사를 마친 후 사방으로 흩어져서 침낭에 들어가 잠을 청했지. 목이 쉰 듯한, 급류가 휘몰아치는 소리를 자장가 삼아 들으며 모두 곯아떨어졌단다. 도시의 불빛이나 공해가 하나도 없는 밤하늘엔 다이아

몬드처럼 반짝이는 별들이 장엄하게 빛나고 있었지.

그 후 3주 동안 우리는 미드 호수를 향해 하류로 여유롭게 내려갔단다. 세계에서 가장 경이로운 대자연인 그랜드 캐니언을 배경으로 세계에서 가장 변화무쌍한 물길인 콜로라도 강을 타고 내려가는 것이었지. 그런 위대한 자연을 가까이 느끼면서 말이다.

우리는 배 외부에 장착된 모터를 사용하지 않았단다. 그런 모터 소리로 고요함을 깨뜨리고 싶지 않았거든. 천천히 게으름을 피우며 근육의 힘으로만 노를 저어 래프팅 배를 몰아갔단다. 긴 지류가 나오면 교대로 노를 저었고, 때로는 우리를 둘러싼 파노라마 같은 놀랍고 신기한 풍경에 할 말조차 잃고 넋이 빠진 채 감상에 몰입할 때도 있었단다.

우리는 때때로 알 수 없는 기분에 젖어 명상의 순간에 접어들기도 했단다. 검정색 래프팅 배와 노란색 노 그리고 계피색으로 흐르는 널찍한 강, 녹이 슨 듯 붉은빛과 보랏빛으로 햇볕에 그을린 절벽이 강 양쪽으로 펼쳐져 솟아 있었지. 그리고 깃털 같은 초록색 능수버들이 강가에 우거져 있었단다. 머리 위로는 광활한 푸른 하늘에 하얀 뭉게구름이 두둥실 떠다녔지.

우리는 끝없이 이어지는 절벽과 협곡을 지나갔어. 바위들은 마치 성벽, 사원, 요새, 마천루, 커다란 항아리 등 갖가지 모양의 건축물 같았단다. 이들 모두는 오랜 세월 동안 바람과 비가 빚어 낸 것이고, 타는 듯한 더위와 얼어붙을 듯 추운 온도 변화로 만들어진 '작품'들이란다.

야생 동식물을 사랑해 줘야 해

그랜드 캐니언의 아름다움은 다양한 종류의 야생동물로 더욱 생명력을 가진단다. 오른쪽 강둑 위로 귀엽고 매력적인 작은 나귀가 있고, 왼쪽 강둑에는 큰 뿔이 달린 양이 가만히 서 있었지. 멋진 황금색 독수리가 머리 위로 하늘 높이 솟구쳐 날아올랐고, 커다란 푸른색 해오라기가 강변

옆의 얕은 물가에서 물고기를 잡고 있었단다.

어느 오후 나는 래프팅 동료 두 명과 함께 얕은 시냇물을 따라 협곡의 가장 좁은 부분으로 산책에 나섰어. 야영지로 돌아갈 시간이 되자 우리는 근처의 협곡을 향해 내려갔는데, 사암이 선반처럼 튀어나온 곳에서 뛰어내리려고 하는 찰나 캐스터네츠와 비슷한 소리가 들려 왔단다.

나는 재빨리 뒤로 물러나 살펴보았지. 덤불 그늘 속에 똬리를 튼 방울뱀이 있더구나. 내가 뛰어내리려고 했던 곳에서 1m도 안 되는 거리였단다. 나와 같이 길을 나선 동료들은 방울뱀을 보자 기겁하였단다. 이제껏 야생 방울뱀을 본 적이 없어서 더욱 긴장한 것이지. 그들은 뱀은 혐오스러운 동물이라고 생각하는 게 분명해 보였단다.

내가 방울뱀 주위를 돌아다니자 덤불 옆의 마른 풀 위에 누워 있던 다른 방울뱀 두 마리도 놀라서 달가닥거리며 경고 신호를 울리기 시작했어.

나는 동료들에게 뱀은 일반적으로 시력이 나쁘고, 위협

받거나 도전받지 않으면 공격적이지 않다고 알려 주었어. 그리고 이 방울뱀은 우리들이 나타나서 위협을 느끼고 있으며, 우리더러 도망가라는 경고의 의미로 꼬리를 흔들어 방울 소리를 내는 것뿐이라고 설명해 주었단다.

나는 뱀이 그렇게 위험하지 않다는 것을 보여 주고 싶었단다. 그래서 죽은 나뭇가지 하나를 집어 들어 첫 번째 방울뱀 가까이에 한 발짝 다가간 후 뱀의 머리를 나뭇가지로 조심스럽게 눌렀단다. 그리고 몸을 앞으로 구부려 한쪽 손을 뻗어 뱀의 목을 잡아 쥐었지. 엄지손가락을 목의 한쪽에 대고, 가운데 손가락은 다른 쪽 목에 댄 후 집게손가락을 뱀의 머리 위에 댄 후 꽉 잡았어. 하지만 뱀의 예민한 목뼈를 다치게 할 만큼 힘을 주지는 않았단다.

"조심해, 존! 그러다 물리겠어요!"

"당신 미쳤군, 존! 지금 화를 자초하고 있는 거야!"

동료들이 일제히 소리치더구나.

"걱정 마세요. 내가 방울뱀을 이렇게 잡고 있는 한, 이 녀석이 나를 물 위험은 없어요."

내가 대답했지. 평생 동안 뱀을, 특히 위험한 뱀을 혐오해 온 그 친구들에게 나는 아주 무모한 사람으로 보였을 거야. 하지만 뱀은 물론이고 여러 종류의 독을 지닌 야생 생물을 여러 번 다뤄 봤던 나는 안전하게 방울뱀을 만질 수 있었단다.

여덟 살일 때 내가 첫 번째로 키운 애완용 뱀은 약 1m 길이의 인디고 뱀(독 없는 구렁이의 일종)이었어. 그 다음에는 독 없는 파충류를 연달아 키웠는데, 모두 잠깐 동안 데리고 키운 후 적당한 곳에 놓아 주었단다.

내가 열두 살이었을 때는 캘리포니아 모자브 사막에서 등에 빨간 다이아몬드 무늬가 있는 방울뱀을 잡았다가 놓아 준 적도 있었지. 그렇지만 한 번도 그 동물들에게 물려 본 적이 없었어. 흑거미와 전갈, 독 있는 큰도마뱀, 플로리다 주의 습지와 조지아 주 오케페노키 늪에 사는 독사, 아프리카의 살모사 등 수없이 많은 독 있는 생물들을 봐왔단다.

나는 바위에 앉아 꿈틀거리는 성난 방울뱀을 무릎 위에 올려놓았어. 그리고 몇 분 동안 방울뱀의 굵은 따리를 부드럽게 만져 주었지. 얼마 안 있어 방울뱀은 점점 긴장을 풀더니 몸부림을 멈췄단다.

내가 동료들에게 한번 만져 보라고 권하자 그제야 그들은 용기를 내어 뱀의 거친 등 비늘과 차고 부드러운 배 밑을 가볍게 만지면서 이렇게 말했단다.

"내가 이러고 있다니 믿을 수가 없어요."

"존, 당신이 우리랑 같이 오지 않았다면 난 아마 세 마리 방울뱀을 쫓으려고

돌팔매질을 해댔을 거야."

나는 다음과 같이 대답했단다.

"많은 사람들이 똑같은 충동을 느끼죠. 언제든 뱀만 보면 혐오감과 위험을 동시에 느껴서 어떻게든 처치하려고 들지요. 물론 집 주변에서 독사를 보면 어쩔 수 없이 죽여야 할지도 모르지만 이놈들도 자연을 구성하는 중요한 일원이에요. 조금만 주의하면 뱀과도 안전하게 자연 속에서 공존할 수 있어요. 뱀은 자신의 독을 식량을 얻고 자기 자신을 보호하는 데만 씁답니다."

조금 후 방울뱀은 완전히 안정을 되찾은 것 같았단다. 나는 녀석을 땅 위에 내려놓고 한 발짝 뒤로 물러나 줬어. 우리 세 명이 지켜보는 동안 방울뱀은 천천히 덤불숲 속으로 기어들어 가더구나.

야생 동식물과 같이 살아가는 일은 생각보다 굉장히 중요하단다. 왜냐하면 야생 동식물이 멸종되어 갈수록 생태계가 망가지기 때문이야. 생태계가 엉망이 되면 인간도 식량이 부족하게 되거나 병이 들거나 자연재해를 입게 된단다. 인간보다 힘이 약하고 똑똑하지 않지만 그래서 더욱더 우리가 보호해 줘야 하는 것이란다. 이렇게 같이 어울려 조화를 이룰 때 우리가 사는 지구도 지켜나갈 수 있는 거야.

네가 이 지구상에서 이룰 꿈이 있다면 지구를 사랑하고 그 안에 존재하는 동식물들에게 애정을 갖고 보호할 줄 알아야 한단다. 지구가 황폐해진다면 너의 꿈도 의미를 잃을 테니까.

이 책 을 마 치 면 서

꿈이란 무엇일까?

이 책을 다 읽은 너에게 묻고 싶은 말이 있단다.
"네 꿈은 뭐니?"
그리고
"네가 생각하는 꿈이란 무엇이라고 정의 내릴 수 있겠니?"

아마 아직도 자신의 꿈이 무엇인지 모르는 아이가 있을 것 같구나. 그리고 꿈을 거창하게만 생각하는 아이도 여전히 있겠지. 그렇다면 아저씨부터 질문에 대답해 볼까?

물론 어렸을 적 꿈은 탐험가였지만 지금 나의 꿈은 책에서도 여러 번 밝혔듯이 다음과 같단다.

'어린이들이 나의 꿈의 목록을 보고 자신만의 목표를 세우는 것.'

왜 해보고 싶은 다른 많은 것들을 제치고 어린이들에게 꿈을 꾸게 해주고 싶은지 너는 아니? 왜냐하면 너도 아저씨처럼 어린 시절부터 꿈의 목록을 적어 놓고 그것을 이루기 위해 배우고 준비하고 경험하고 발견했으면 하는 바람에서야.

나는 꿈의 목록에 써 넣은 것을 하나하나 이루는 것이 정말 행복했단다. 이루는 것만 행복한 것이 아니라 준비하는 과정에서도 많은 것을 배울 수 있었어. 나는 평생 꿈을 꾸고 그에 관련된 목표를 세웠지. 목장에서 일도 하고, 책도 읽고, 운동도 하고, 박물관에 가고 음악도 들으면서 교양도 쌓았고 여행도 많이 했어. 그런 과정을 통해 누구보다 해박한 지식을 얻게 되었고, 누구보다 열심히 살았으며, 누구보다 행복감을 느끼면서 인생을 즐길 수 있었단다.

이것 모두는 시험을 잘 보기 위해서나 좋은 학교에 들어가기 위해서 또는 좋은 회사에 취직하기 위해서 또는 돈을 많이 벌기 위해서가 아니었단다. 오로지 나의 꿈을 이루기 위해서였지. 그랬더니 시험 성적이나 좋은 학교, 돈 같은 것들은 자연스럽게 따라오더구나.

    나는 네가 꿈을 꾸고 그것을 이루어 가는 과정이 인생에서 얼마나 가치 있고 중요한 일인지 알았으면 좋겠다. 그렇기 때문에 지금 나의 꿈은 네가 너만의 꿈을 갖게 되길 바라는 거야. 한 가지 덧붙이자면 나의 마지막 꿈은 '이 세상 모든 사람들이 꿈을 소중히 여기고, 꿈을 이루는 과정을 즐기면서 사는 것' 이란다.

    그럼 꿈을 무엇이라고 정의 내리고 있는지도 대답해 볼까?
    아저씨는 '꿈은 인생을 풍요롭게 해주는 것' 이라고 정의해 보고 싶구나.
    여기서 '풍요롭다.' 란 말은 물질적으로 풍족하게 사는 것을 말하진 않아. 그것보다는 인생을 살아가기 위해 필요한 가치와 사람, 정보, 지식, 경험들로 풍요롭다는 의미란다.
    나는 탐험가가 꿈이었기에 세상 안 돌아다녀 본 곳이 거의 없단다. 다섯 개 바다와 여섯 개의 대륙을 모두 가봤다고 말할 수 있지. 또한 그 낯선 곳을 알기 위해 많은 공부를 해야 했어. 새로운 말과 글을 배워야 했고(어떨 땐 저절로 알게도 된단다.), 그곳 전통과 풍습을 알아야 했지. 또 다채로운 동식물들을 관찰하고 발견하면서 누구보다 동식물학에 뛰어난 지식을 갖게 되었단다.

무엇보다 나는 여행과 탐험을 통해 만난 사람들을 잊지 못한단다. 그들은 위험한 순간마다 날 도와줬고, 나도 그들의 어려움을 함께해 줬지. 내가 탐험을 간 곳에서 만난 부족들은 지구상에 있는 다양한 인종들이 종교나 가치관 문제로 싸우지 않고 충분히 조화롭게 살 수 있다는 믿음을 주었어. 그들과 나눈 우정은 무엇보다 바꿀 수 없는 소중한 것이란다.

또 나는 꿈을 이루어 가는 과정에서 소중한 감정들을 느낄 수 있었단다. 자연에 대한 경외감은 말할 것도 없고, 살아 있다는 것만으로도 감사해야 하는 이유를 알게 되었지.

또 사막이나 여행지에서 느끼는 고독이나 야생동물과 만났을 때 느끼는 친밀감 등은 쉽게 느껴지지 않는 소중한 감정이란다.

돈이 많다거나 좋은 학교에 다닌다고 행복한 인생을 사는 것은 아니란다. 혹 나는 다른 여러 가지를 잃어버리고 성적과 같은 한 가지에만 집착하는 것은 아닌지 되돌아봐야 할 때도 필요해.

아저씨의 이야기를 듣고 꿈에 대해 여러 가지 생각이 들 거다. 그 생각들을 고이 간직하렴. 지금의 네 나이는 꿈을 꾸기에 아주 적합한 나이란다. 넌 아마 막연히 뭐가 되고 싶다는 장래희망으로만 꿈을 생각했을 거야. 내 이야기가 새로운 관점으로 꿈을 생각해 보게 되는 계기가 되었으면 좋겠구나.

잘 들어보니 콩닥거리는 너의 심장 소리가 들리는 것도 같은데? 꿈을 꾸고 있는 거겠지?

― 너의 영원한 친구 존 아저씨가